아이가 주인공인 책

아이는 스스로 생각하고 성장합니다.
아이를 존중하고 가능성을 믿을 때
새로운 문제들을 스스로 해결해 나갈 수 있습니다.

〈기적의 학습서〉는 아이가 주인공인 책입니다.
탄탄한 실력을 만드는 체계적인 학습법으로
아이의 공부 자신감을 높여줍니다.

가능성과 꿈을 응원해 주세요.
아이가 주인공인 분위기를 만들어 주고,
작은 노력과 땀방울에 큰 박수를 보내 주세요.
〈기적의 학습서〉가 자녀교육에 힘이 되겠습니다.

안녕, 우리는 <u>비법걸&비법보이</u>야.

디자이너 다츠쌤이 우리를 귀엽게 만들어 주셨고,
이름은 길벗스쿨 기적쌤이 지어주셨지.
아직 그렇게 유명하진 않은데...
너희들이 예뻐라 해 주면 우리도 빵 뜨지 않을까? ^^
우리는 이 책에서 초등 전 학년을 맡고 있지!
이 책으로 너희들이 독해를 잘하려면 우리가 하는 얘기를 잘 들어줘야 해.
우리가 전수하는 비법대로만 따라 하면 독해 그까짓 거 식은 죽 먹기라고~!
같이 해 보자~~!!

초등 문해력, 읽기로 시작한다!

기적의
독해력

실력편

길벗스쿨

기 적 의 독해력 ⑫ 초등6학년 실력편

초판 1쇄 발행 2021년 3월 3일
개정 1쇄 발행 2024년 6월 1일

지은이 기적학습연구소
발행인 이종원
발행처 길벗스쿨
출판사 등록일 2006년 6월 16일
주소 서울시 마포구 월드컵로 10길 56(서교동 467-9)
대표 전화 02)332-0931 | **팩스** 02)323-0586
홈페이지 www.gilbutschool.co.kr | **이메일** gilbut@gilbut.co.kr

총괄 신경아(skalion@gilbut.co.kr) | **기획 편집** 박은숙, 유명희, 이은정, 이재숙
제작 이준호, 손일순, 이진혁 | **영업마케팅** 문세연, 박선경, 박다슬 | **웹마케팅** 박달님, 이재윤, 나혜연
영업관리 김명자, 정경화 | **독자지원** 윤정아

표지 디자인 디자인비따 | **본문 디자인** (주)더다츠 | **전산편집** 린 기획
표지 일러스트 이승정 | **본문 일러스트** 김재곤
CTP출력 및 인쇄 교보피앤비 | **제본** 신정문화사

ISBN 979-11-6406-696-4 64710
(길벗스쿨 도서번호 10929)
정가 12,000원

머리말을 대신하는 응원 메시지

『기적의 독해력』을 펼친 여러분께 우선 박수를 보냅니다.
이 책은 여러분의 독해력을 키우기 위해 만든 책이에요. '독해력'이 뭐냐고요? 읽을 독(讀), 이해할 해(解), 힘 력(力) 자를 써서, 글을 읽고 이해하는 능력(힘)을 말해요. 지금처럼 이 글을 읽고 무슨 뜻인지 알겠으면 독해가 되고 있다는 거고요. 이 글을 읽고는 있지만 도통 무슨 말인지 모르겠으면 독해가 잘 안되고 있다고 할 수 있죠.

우리는 살면서 많은 글을 읽어요. 그림책, 동화책, 교과서, 하다못해 과자 봉지에 있는 글까지. 그런데 이렇게 많은 글을 읽어도 이해하지 못한다면 얼마나 답답할까요? 글을 읽고 이해가 되어야 깨닫게 되고, 몰랐던 것을 알게 되고, 또 이어질 여러 가지 문제를 해결할 수도 있는데 말이죠.

그래서 '독해'는 모든 공부의 시작이고, '독해력'은 우리가 가져야 할 제일 중요한 능력 중의 하나이지요.

여러분이 펼친 『기적의 독해력』 시리즈는 여러분이 초등 공부를 시작할 때부터 완성할 때까지 함께할 비법서랍니다. 예비 초등학생을 위한 한 문장 독해부터 중학교 입학을 앞둔 6학년을 위한 복합적인 글 독해까지, 기본을 세우고 실력을 다질 수 있는 다양한 유형의 독해 글감과 핵심을 파고드는 문제들을 담고 있어요.

혹시 "글 속에 답이 있다!", "문제에 답이 있다!"라는 말을 들어 보았나요?
『기적의 독해력』 시리즈로 공부하면 여러분은 분명 그 해답을 쉽게 깨치게 됩니다.

잠깐, 쉽다고 대충 하지는 말아요! 글을 꼼꼼히 읽고 내가 잘 읽었는지 찬찬히 떠올리면서 문제까지 수월하게 해결해 나가는 게 가장 핵심이 되는 독해 비법이랍니다. 가끔 문제는 틀려도 돼요. 틀리면서 배우는 게 훨씬 많으니까요!
자, 머뭇거리지 말고 한번 시작해 보세요.

2021년 2월
기적학습연구소 국어팀 일동

독해력, 그것이 알고 싶다!

Q 독해력을 기르려면 무엇부터 해야 할까요?

A 다양한 글을 읽어야지요. 독해력은 하루아침에 길러지는 역량이 아닙니다. 하루에 한 편씩 짧은 글이라도 읽는 습관을 만들어 주는 것이 중요합니다. 또 자신이 읽은 글의 내용을 정리해 본다거나 한 문장으로 요약해 보는 습관을 기른다면 아주 효과적인 독해력 상승을 기대할 수 있습니다. 이 대목에서 '책 읽기'는 두말하면 입 아프겠지요? ^^;

Q 초등 입학 전에 독해 공부가 필요할까요?

A 초등학교에 입학해서 처음 보는 교과서는 기존에 봤던 그림책과는 구조와 수준이 달라서 급격하게 어려움을 느낄 수도 있습니다. 특히 문제 풀이에 어려움을 겪을 수 있으니 간단하고 짧은 글을 읽고, 내용을 이해했는지 가볍게 훑어보며 문제를 푸는 연습을 하면 초등 공부에 큰 도움이 될 것입니다.

Q 읽기는 하는데, 문제를 이해하지 못하는 것 같아요.

A 읽으면 바로 이해할 수 있는 쉬운 문제들도 있지만, 국어 개념이 바탕이 되어야 풀 수 있거나 보기를 읽고 두 번 세 번 확인해 봐야 답을 찾을 수 있는 독해 문제들도 많습니다. 문제를 이해하지 못한다는 것은 1차적으로는 그 문제를 출제한 의도를 파악하지 못하고 있다는 거고요. 그다음엔 어떻게 답을 찾아야 할지 방법을 모르고 있다는 것입니다. 독해도 일종의 기술이 필요한 공부거든요. 무턱대고 읽고 푼다고 해서 독해력이 생기는 것은 아닙니다. 글을 읽는 방법, 문제를 푸는 방법을 알고 있어야 보다 효과적으로 독해의 산을 넘을 수 있습니다.

Q 어휘력도 중요한 거 같은데, 어떻게 길러야 할까요?

A 어휘력은 독해력을 키우는 무기와 같습니다. 글을 잘 읽다가도 낯선 어휘에서 멈칫하거나 그 뜻을 파악하지 못해서 독해가 안되는 경우가 많거든요. 어휘력 역시 단번에 키우긴 어렵습니다. 그래서 독해 훈련을 통해 어휘력을 키우는 방법을 추천합니다. 글을 읽을 때 낯선 어휘를 만나면 문맥의 의미를 파악하는 연습을 꾸준히 하는 거죠. 그래도 모르는 낱말은 그냥 넘어가지 말고 국어사전을 찾아보는 습관을 들이세요.

Q 시중에 나와 있는 독해력 교재가 너무 많더라고요. 어떤 게 좋은 거죠?

A 단연 『기적의 독해력』을 꼽고 싶습니다만, 시중에 나와 있는 독해력 교재들이 모두 훌륭하더군요. 일단은 아이의 수준에 맞게 선택하는 게 가장 현명할 것입니다. 방법을 잘 몰라서 문제 풀이에 어려움을 겪는 친구들은 독해의 기본기를 다룬 쉬운 교재를, 어느 정도 독해가 가능한 친구들은 다양한 문제를 풀어 볼 수 있는 실전 교재를 선택해 보는 것이 좋습니다. (마침 『기적의 독해력』이 딱 그런 구성을 갖추고 있습니다.)

Q 『기적의 독해력』은 어떻게 바뀌었나요?

A 예비 초등(0학년)을 시작으로 6학년까지 학년별로 2권씩 구성되어 있습니다. 단계와 난이도가 종전보다 세분화되었는데요. 특히 독해 문제 풀이에 어려움을 겪는 친구들을 위해 독해 비법을 강화하여 독해의 기본기를 다진 후에 실전 문제로 실력을 완성시킬 수 있도록 구조화하였습니다.

비법 훈련

기본편

문제 훈련

실력편

기본편 은 독해의 시작이라 할 수 있는 기본서입니다. 학년별로 16가지의 독해 비법을 담고 있지요. 글의 종류에 따라 읽는 방법과 필수 유형 문제를 효과적으로 푸는 방법을 친절하게 안내하고 있어요.

실력편 은 독해의 완성이라 할 수 있는 실력서입니다. 교과 과정에 맞춘 실전 문제와 최상위 독해로 구성하여 앞서 배운 비법을 그대로 적용하면서 실력을 키울 수 있습니다.

Q 그럼 두 권을 같이 보나요?

A 독해 문제가 익숙하지 않은 친구는 **기본편** 으로 독해의 기초를 탄탄하게 쌓으면 되고요. 독해 문제가 익숙한 친구는 **실력편** 으로 단계를 올려서 실전에 대비하는 것도 필요합니다. 1학기는 **기본편** 으로, 2학기는 **실력편** 으로 촘촘하게 독해력을 키워 보는 것은 어떨까요?

Q **실력편** 의 최상위 독해는 어떤 독해인가요?

A 최상위 독해는 복합 지문과 통합형 문제로 구성된 특별 코너입니다. 일반적인 독해가 단편적인 하나의 글을 읽고, 기본적인 문제를 풀어 가는 것이라면 **실력편** 5일 차에 수록된 복합 지문은 두 가지 이상의 글을 읽고 문제를 해결해야 하는 난이도가 높은 독해입니다. 같은 주제를 다루고 있는 두 편의 글이나 소재는 다르지만 종류는 같은 두 편의 글을 읽고, 통합 사고력 문제를 해결해야 해서 기존의 독해 문제보다는 조금 어려울 수 있습니다.

쉬운 글과 기본 문제만으로는 실력을 키우기 어렵지요. 자신의 수준보다 약간 어려운 문제도 해결하면서 실력을 월등하게 키워 나가길 바랍니다.

Q 『기적의 독서 논술』과는 어떤 차이가 있나요?

A 독해력이 모든 공부의 시작이라면, 독서 논술은 모든 공부의 완성이라 할 수 있습니다. 독해력이 단편적인 글을 읽고 이해하며 적용해 가는 훈련이라면, 독서 논술은 한 편의 긴 글을 읽고, 자신의 생각을 정리해서 표현해 보는 훈련 과정을 거치기 때문에 두 시리즈 모두 국어 실력 향상에는 꼭 필요한 교재랍니다. 한 학년에 독해력 2권, 독서 논술 2권이면 기본과 실력을 모두 갖추게 될 것입니다.

구성과 특징

01
하루 4쪽 DAY 학습

02
실전 독해

문학

비문학

어휘력 강화

03
최상위 독해

복합 지문

통합 사고력 문제

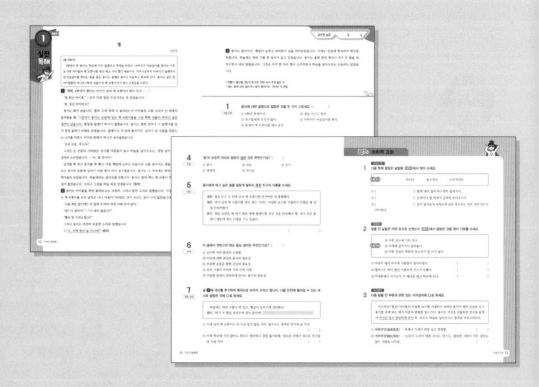

⭐ 실전 독해

기본편 에서 훈련한 방법을 총망라한 실전 문제집입니다.
하루 4쪽씩 꾸준히 연습하세요.
앞서 배운 비법을 그대로 적용하면서 독해 실력을 쌓아 갑니다.

📖 어휘력 강화

독해에서 어휘는 독해 시간을 단축시키는 열쇠와 같은 역할을 합니다.
지문에서 뽑아낸 주요 어휘의 뜻과 활용, 내용과 밀접한 속담과 사자성어,
관용어까지 다양하게 어휘의 폭을 늘려 갑니다.

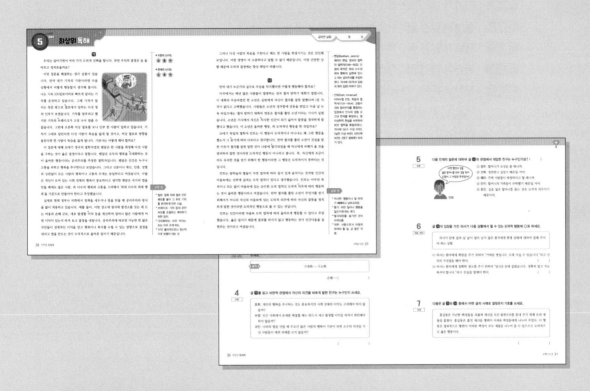

⭐ 최상위 독해

● 지문의 난이도   ● 문제의 난이도

상 중 하   상 중 하

각 주 5일 차는 최상위 독해로, 글의 수준과 문제의 수준이 높습니다.
그동안 쌓았던 실력을 점검해 보세요.
긴 글, 주제나 소재가 얽힌 복합 지문, 통합 사고력 문제를 통해 독해
력을 한 단계 끌어올립니다.

가로 세로 낱말 퀴즈

한 주 동안 학습한 어휘를 확인할 수 있도록 재미있는 퀴즈로
구성하였습니다.

차례

 출처

＊이 책에 실린 글의 일부는 한국문학예술저작권협회, 한국문예학술저작권협회의 동의를 얻어 책에 실었습니다.

● **이미지**

148쪽 「배려의 칸」 | 한국방송광고진흥공사 | 2018

＊위에 제시되지 않은 이미지는 사용료를 지불하고 셔터스톡 코리아에서 대여했음을 밝힙니다.

＊길벗스쿨은 이 책에 실린 모든 글과 이미지의 출처를 찾기 위해 최선의 노력을 기울였습니다.
  저작권자를 찾지 못해 허락을 받지 못한 글과 이미지는 저작권자가 확인되는 대로 통상의 사용료를 지불하겠습니다.

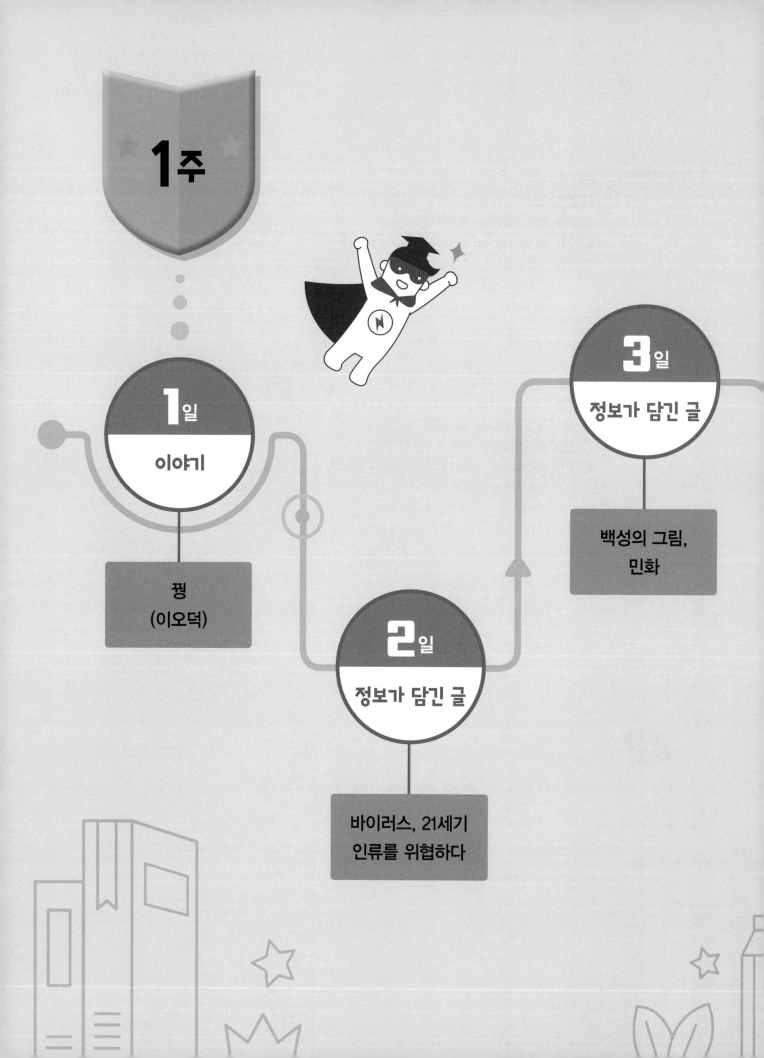

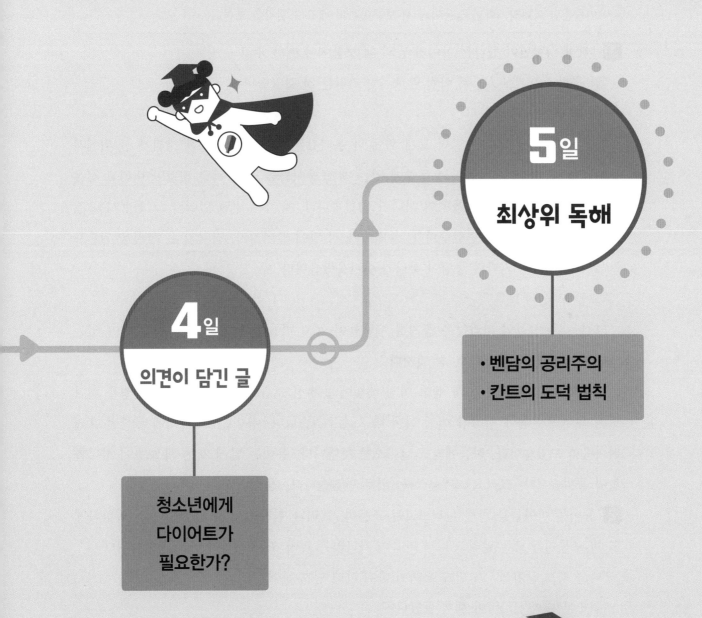

5일

최상위 독해

- 벤담의 공리주의
- 칸트의 도덕 법칙

4일

의견이 담긴 글

청소년에게
다이어트가
필요한가?

꿩

이오덕

<앞 이야기>

　4학년이 된 용이는 학교에 가지 않겠다고 투정을 부린다. 아버지가 머슴살이를 한다는 이유로 다른 아이들의 책 *보퉁이를 대신 메고 가야 했기 때문이다. 어머니로부터 아버지가 올해까지만 머슴살이를 한다는 말을 들은 용이는 올해만 참자고 마음먹고 학교에 간다. 용이는 같은 반 아이들뿐만 아니라 5학년 성윤이의 책 보퉁이까지 메고 고갯길을 오른다.

1 "헤헤, 4학년이 됐다는 아이가 남의 책 보퉁이나 메다 주고……."

"참 못난 아이제." / 모두 이런 말로 수군거리는 것 같았습니다.

'뭐, 못난 아이라고?'

용이는 화가 났습니다. 벌써 고개 위에 다 올라갔는지 아이들의 고함 소리가 산 위에서 들려왔을 때, ㉠갑자기 용이는 눈앞에 있는 책 보퉁이들을 그냥 콱콱 짓밟아 버리고 싶은 생각이 났습니다. 발밑에 돌멩이 하나가 밟혔습니다. 용이는 벌떡 일어나 그 돌멩이를 집어 힘껏 골짜기 아래로 던졌습니다. 돌멩이가 저 밑에 떨어지자, 갑자기 온 산골을 뒤흔드는 소리를 치면서 커다란 뭉텅이 하나가 솟아올랐습니다.

"꼬공 꼬공, 푸드득!"

그것은 온 산골의 가라앉은 공기를 뒤흔들어 놓고 하늘을 날아오르는, 정말 살아 있는 생명의 소리였습니다. / '야, 참 멋지다!'

날개를 쫙 펴고 꽁지를 쭉 뻗고 아침 햇빛에 눈부신 모습으로 산을 넘어가는 꿩을 쳐다보는 용이의 온몸에 갑자기 어떤 힘이 마구 솟구쳤습니다. 용이는 그 자리에서 한번 훌쩍 뛰어올라 보았습니다. 하늘에라도 날아오를 듯합니다. 용이는 발에 *채는 책 보퉁이 하나를 집어 들었습니다. 그리고 그것을 하늘 위로 던졌습니다. (중략)

2 용이는 아이들을 한번 둘러보고는 조용히, 그러나 힘찬 소리로 말했습니다. 이상하게도 책 보퉁이를 모두 날리고 나니 마음이 가라앉는 것이 조금도 겁이 나지 않았습니다.

"너들 책보 말이제? 저 밑에 두꺼비 바위 아래 던져 놨어."

"뭐? 이 새끼가!" / "이 새끼 돌았나?"

"빨리 못 가져오겠나?"

그러나 용이는 여전히 조용한 소리로 말했습니다.

㉡"나, 이제 못난 놈 아니야!" (중략)

3 용이는 돌아서서, 햇빛이 눈부신 내리받이 길을 바라보았습니다. 이제는 단숨에 학교까지 뛰어갈 듯합니다. 하늘에는 하얀 구름 한 송이가 날고 있었습니다. 용이는 훌쩍 한번 뛰더니 마구 두 팔을 내저으면서 내리 달렸습니다. 그것은 마치 한 마리 꿩이 소리치면서 하늘을 날아오르는 모습과도 같았습니다.

* 보퉁이: 물건을 네모지게 만든 천에 싸서 꾸려 놓은 것.
* 채는: 발에 내어 질리거나 받아 올려지는. '차이는'의 준말.

1
내용 이해

용이에 대한 설명으로 알맞은 것을 두 가지 고르세요. (　　　　　)

① 4학년 학생이다.　　　　　② 꿩을 기르고 있다.

③ 친구들에게 인기가 많다.　　④ 아버지가 머슴살이를 한다.

⑤ 동생의 책 보퉁이를 메다 준다.

2
짜임

이 글에서 절정에 해당하는 사건은 무엇인가요? (　　　　)

① 용이가 산을 넘어가는 꿩을 쳐다본 일

② 용이가 학교에 가기 싫다고 투정을 부린 일

③ 다른 아이들이 용이에게 책 보퉁이를 맡긴 일

④ 용이가 두 팔을 내저으면서 내리받이 길을 달려간 일

⑤ 용이가 아이들에게 자신은 이제 못난 아이가 아니라고 밝힌 일

3
추론

㉠과 ㉡에 나타난 용이의 마음을 알맞게 짐작한 것을 찾아 기호를 각각 쓰세요.

㉮ 수줍고 설렌다.	㉯ 속상하고 화가 난다.
㉰ 미안하고 후회된다.	㉱ 용기 있고 자신만만하다.

(1) ㉠: (　　　　　　　　)　　　　(2) ㉡: (　　　　　　　　　　)

4
추론

'꿩'의 상징적 의미로 알맞지 <u>않은</u> 것은 무엇인가요? (　　　)

① 용기　　　　　　② 자유　　　　　　③ 포기

④ 생명력　　　　　⑤ 자신감

5
감상

용이에게 하고 싶은 말을 알맞게 말하지 <u>못한</u> 친구의 이름을 쓰세요.

> 세호: 꿩을 보고 난 뒤에 남의 책 보퉁이를 던져버린 게 통쾌했어.
>
> 채은: 네가 남의 책 보퉁이를 대신 메고 가라는 부당한 요구를 거절하지 못했을 때 정말 안타까웠어.
>
> 윤지: 꿩을 보았을 때 네가 꿩을 향해 돌멩이를 던진 것을 반성해야 해. 네가 던진 돌멩이 때문에 꿩이 다쳤을 수도 있잖아.

(　　　　　　　　　　)

6
주제

이 글에서 전하고자 하는 중심 생각은 무엇인가요? (　　　)

① 순수한 자연 환경의 소중함

② 이웃에 대한 관심과 봉사의 필요성

③ 꾸준한 운동을 통한 건강의 중요성

④ 유년 시절의 추억과 가족 간의 사랑

⑤ 부당함 앞에서 당당하게 맞서는 용기의 중요성

7
적용·창의

글 ❷에 대사를 추가하여 희곡으로 바꾸어 쓰려고 합니다. 다음 빈칸에 들어갈 수 있는 대사로 알맞은 것에 ○표 하세요.

> 하늘에는 하얀 구름이 떠 있고, 햇살이 눈부시게 내리쬔다.
>
> 용이: (마구 두 팔을 내저으며 내리 달리며)

(1) 이제 남의 책 보퉁이는 더 이상 들지 않을 거야. 앞으로는 꿩처럼 멋지게 살 거야.

(　　　)

(2) 이제 학교에 가지 않아도 된다고 생각하니 정말 홀가분해. 새로운 곳에서 새로운 친구들을 사귈 거야.

(　　　)

낱말의 뜻

1 다음 뜻에 알맞은 낱말을 ○보기○에서 찾아 쓰세요.

○**보기**○   차이다   솟구치다   수군거리다

(1) (   ): 발에 내어 질리거나 받아 올려지다.

(2) (   ): 감정이나 힘 따위가 급격히 솟아오르다.

(3) (   ): 남이 알아듣지 못하도록 낮은 목소리로 자꾸 가만가만 이야기하다.

동형어

2 밑줄 친 낱말은 어떤 뜻으로 쓰였는지 ○보기○에서 알맞은 것을 찾아 기호를 쓰세요.

○**보기**○
⑦ 어떤 장소에 가득 차다.
⑭ 어깨에 걸치거나 올려놓다.
⑭ 어떤 감정이 북받쳐 목소리가 잘 나지 않다.

(1) 마당이 메어 터지게 사람들이 들이닥쳤다.   (   )

(2) 할머니는 목이 메어 이름조차 부르지 못했다.   (   )

(3) 막냇동생이 자기보다 큰 배낭을 메고 학교에 간다.   (   )

사자성어

3 다음 밑줄 친 부분과 관련 있는 사자성어에 ○표 하세요.

이오덕의 「꿩」은 아이들의 부당한 요구를 거절하지 못하던 용이가 꿩의 모습을 보고 용기를 갖게 되는 데서 마음의 변화를 일으킨다. 용이는 자신을 괴롭히던 친구들 앞에서 자신감 있고 당당하게 맞선 후, 비로소 하늘을 날아오르는 꿩처럼 자유로워진다.

(1) 위풍당당(威風堂堂) → 풍채나 기세가 위엄 있고 떳떳함.   (   )

(2) 적반하장(賊反荷杖) → 도둑이 도리어 매를 든다는 뜻으로, 잘못한 사람이 아무 잘못도 없는 사람을 나무람을 이르는 말.   (   )

인류가 지구에 등장하기 전부터 존재했던 바이러스는 인류와 함께 오랫동안 공존해 왔다. 그런데 21세기에 들어서면서 치명적인 바이러스 감염병이 늘고 있다. 이런 이유로 세계 보건 기구(WHO)는 21세기를 '전염병의 시대'로 규정하기도 했다. 바이러스는 왜 우리에게 심각한 위협이 되었을까?

첫째, 생물도 무생물도 아닌 바이러스의 특성 때문이다. 바이러스는 살아 있는 동물이나 사람의 세포를 집으로 삼아 *기생하여 살아간다. ㉠결코 바이러스는 스스로 움직이거나 자손을 늘리지 못하기 때문이다. 이런 특성 때문에 바이러스를 제거하는 것은 쉽지 않은 편이다. 감염된 사람이나 동물에게 피해를 주지 않으면서 바이러스만 제거해야 하기 때문이다.

둘째, 전 세계의 인구가 늘어나고 교류가 활발해지면서 바이러스가 더 빠르게 확산되었기 때문이다. 과학과 의학이 발달하면서 2020년 전 세계 총 인구는 약 78억 명으로 늘어났다. 이렇게 많은 인구가 대부분 도시에 모여 있으며, 교통의 발달로 자유롭게 전 세계를 이동할 수 있다. 바이러스의 입장에서는 더 빨리, 더 많은 자손을 늘릴 수 있는 기회가 만들어진 것이다.

셋째, 바이러스는 동물이나 사람의 세포에서 살아남기 위해 자신을 끊임없이 바꾸면서 *진화하고 있기 때문이다. 1994년 호주 헨드라의 마구간에서는 말이 바이러스에 감염돼 죽는 사건이 발생했다. 게다가 그 말과 접촉한 사람까지 사망했다. 호주 정부가 대규모로 산림을 개발하는 과정에서 서식지를 잃은 박쥐들이 마구간과 경마장 근처에 심어 놓은 과일나무를 발견하고 새로운 먹이처로 삼으면서 일어난 일이었다. 헨드라 바이러스는 박쥐의 *분변에 맞은 말과, 그 말을 만진 인간에게 옮겨졌다. 또한, 1998년 말레이시아에서 처음 발견된 니파 바이러스도 박쥐가 원인이었다. 산불과 기후 변화로 살 곳을 잃은 박쥐들이 먹이를 찾아 돼지 농장 근처의 과수원을 드나들면서 돼지가 바이러스에 감염되었고, 그 돼지와 접촉한 사람도 감염되었다. 무분별한 개발과 산림 *개간, 환경 오염으로 인해 야생 동물의 서식지가 파괴되어 야생 동물의 개체 수가 줄어들자 바이러스는 생존을 위해 변종을 만들기 시작했다. 이 변종 바이러스는 종을 뛰어넘어 동물에서 사람까지 감염시키고 있다.

변종 바이러스의 잦은 출현과 전 세계로의 빠른 전파는 인간이 자초한 일이다. 인류는 앞으로 새로운 바이러스들을 더 자주 만나게 될 것이다. 바이러스가 우리에게 더 이상 심각한 위협이 되지 않도록 바이러스와의 전쟁에서 승리할 수 있는 방법을 깊이 고민해야 할 때이다.

＊기생하여: 서로 다른 종류의 생물이 함께 생활하며, 한쪽이 이익을 얻고 다른 쪽이 해를 입으며.

＊진화하고: 생물이 생명의 기원 이후부터 점진적으로 변해 가고.

＊분변: 사람이나 동물이 먹은 음식물을 소화하여 항문으로 내보내는 찌꺼기.

＊개간: 거친 땅이나 버려 둔 땅을 일구어 논밭이나 쓸모 있는 땅으로 만듦.

1

내용 이해

이 글의 특징으로 알맞은 것은 무엇인가요? (　　　)

① 전염병을 치료하는 과정을 순서대로 설명하였다.

② 바이러스의 장점과 단점을 중심으로 설명하였다.

③ 인간과 동물의 공통점과 차이점을 중심으로 설명하였다.

④ 21세기를 전염병의 시대로 규정해야 한다고 주장하였다.

⑤ 바이러스가 위협적인 까닭을 구체적인 예를 들어 설명하였다.

2

주제

이 글의 제목으로 알맞은 것은 무엇인가요? (　　　)

① 바이러스의 약점을 발견하다

② 바이러스를 완벽히 극복한 인류

③ 바이러스, 생물인가 무생물인가

④ 바이러스, 21세기 인류를 위협하다

⑤ 바이러스는 왜 21세기에 처음 등장했는가

3

내용 이해

바이러스의 특성으로 알맞은 것의 기호를 쓰세요.

㉮ 스스로 움직일 수 있는 생물이다.

㉯ 사람이나 동물의 세포에 기생해서 살아간다.

㉰ 동물과는 공존하지만 인간을 위협하고 공격한다.

（　　　　　　　）

4

어휘·표현

㉠을 문장의 호응에 맞게 고쳐 쓰는 방법으로 알맞은 것은 무엇인가요? (　　　　)

① '늘리지'를 지운다.　　　　　　　　② '때문이다'를 지운다.

③ '결코'를 '만약'으로 고친다.　　　　④ '결코'를 '왜냐하면'으로 고친다.

⑤ '늘리지 못하기'를 '늘리기'로 고친다.

5

추론

이 글을 읽고 짐작할 수 있는 내용을 두 가지 골라 ○표 하세요.

(1) 바이러스는 생물에서 무생물로 바뀌어 왔다. 　　　　　　　　　　　　(　　　)

(2) 교통의 발달은 바이러스의 전파를 더욱 빠르게 확산시킬 수 있다. 　　(　　　)

(3) 기후 변화와 환경 오염이 심해지면 새로운 바이러스가 나타날 것이다. 　(　　　)

(4) 박쥐를 멸종시키면 인류는 바이러스의 위협에서 벗어날 수 있을 것이다. 　(　　　)

6

비판

이 글의 신뢰성을 바르게 판단하지 <u>못한</u> 친구는 누구인지 쓰세요.

> 세민: 헨드라 바이러스나 니파 바이러스 등 실제 사례를 제시하여서 믿을 만해.
>
> 정운: 전염병이 심각한 상황을 말하기 위해 세계 보건 기구(WHO)에서 언급한 내용을 제시하여서 믿을 만해.
>
> 영식: 전 세계 총 인구 수나 바이러스와 관련된 사례를 제시할 때 구체적인 수나 일어난 시기가 나타나지 않아서 믿을 만하지 않아.

(　　　　　　　　　　　)

7

적용·창의

이 글과 보기의 글은 어떻게 다른지 알맞게 설명한 것에 ○표 하세요.

> 보기　　의학 분야에서는 독성을 유발하지 않도록 변형된 바이러스를 질병 치료에 이용하기도 한다. 인간의 세포에 잘 침투하는 바이러스의 특성을 이용해 치료 유전자를 사람의 몸속에 전달하는 것이다.

(1) 이 글은 바이러스의 부정적인 측면을 강조하였고, 보기의 글은 바이러스의 긍정적인 측면을 강조하였다. 　　　　　　　　　　　　　　　　　　　　　　　　　(　　　)

(2) 이 글은 바이러스가 인간에 의해 통제되어야 한다고 생각하였고, 보기의 글은 인간이 바이러스를 통제할 수 없다고 생각하였다. 　　　　　　　　　　　　　(　　　)

어휘력 강화

낱말의 뜻

1 다음 문장에 알맞은 낱말을 (   ) 안에서 골라 ○표 하세요.

⑴ 알을 낳고 새끼를 키우는 오리너구리는 포유류의 (진화, 퇴화) 과정을 보여 준다.

⑵ 산촌에서는 농사지을 곳이 부족해 산 중턱을 (창간해, 개간해) 논과 밭을 만든다.

⑶ 겨우살이는 참나무나 오리나무에 (기생해, 소생해) 물과 영양분을 얻는 식물이다.

반대말

2 다음 밑줄 친 낱말과 뜻이 반대인 낱말을 **보기**에서 찾아 쓰세요.

보기	가해	출생	패배

⑴ 교통사고로 <u>사망</u>한 사람이 많다. (   )

⑵ 바이러스에 감염되면 큰 <u>피해</u>를 입을 수 있다. (   )

⑶ 팀원들이 모두 힘을 합친 결과, 경기에서 <u>승리</u>했다. (   )

사자성어

3 다음 밑줄 친 내용과 관련 있는 사자성어에 ○표 하세요.

> 이렇게 많은 인구가 대부분 도시에 모여 있으며, 교통의 발달로 자유롭게 전 세계를 이동할 수 있다. <u>바이러스의 입장에서는 더 빨리, 더 많은 자손을 늘릴 수 있는 기회가 만들어진 것이다.</u>

⑴ 일석이조(一石二鳥) → 돌 한 개를 던져 새 두 마리를 잡는다는 뜻으로, 동시에 두 가지 이득을 봄을 이르는 말. (   )

⑵ 과유불급(過猶不及) → 정도를 지나침은 미치지 못함과 같다는 뜻으로, 지나치거나 모자라지 않고 한쪽으로 치우치지도 않는 것이 중요함을 이르는 말. (   )

1 민화는 이름 없는 화가들이 그렸던 그림으로, 조선 후기 서민들 사이에서 크게 *유행했던 실용적인 그림을 말한다. 서민들은 민화를 구입해서 집 안 구석구석을 장식했다. 또, 혼례나 회갑, 돌잔치를 치르거나 제사를 지낼 때는 각 행사의 뜻에 맞는 민화를 여러 개 넣어 병풍을 만들어 썼다. 민화는 종이에만 그린 것이 아니라 도자기나 가구, 문방구, 돗자리에도 그렸다. 그만큼 여기저기 흔하게 널려 있던 것이 바로 민화였다.

2 민화를 그린 사람들은 대부분 이름 없는 사람들이었다. 도화서의 화원이나 승려, 사대부들도 민화를 그렸지만 민화의 화가는 대부분 시골 장터를 떠돌며 그림을 그려 주는 떠돌이 화가들이었다. 이름 없는 화가들은 서민들의 일상생활에서 흔히 볼 수 있는 여러 동식물을 소재로 하여 그들의 소망을 담은 그림을 그렸다.

3 우리 조상들은 새해 첫날 대문에 나쁜 기운을 쫓고 복을 받게 하는 그림을 붙였는데, 이러한 그림을 '문배'라고 한다. 기쁜 소식을 전해 주는 까치와 나쁜 귀신을 막아 주는 호랑이를 함께 그린 '작호도'가 대표적인 문배이다.

4 '화조도'는 꽃과 새를 주제로 한 그림이다. 꽃은 모란, 연꽃, 매화 등을 그렸고, 새는 꿩, 원앙, 오리 등을 그렸는데 특히 암수 한쌍의 새가 사이좋게 그려진 그림은 부부 사이가 좋아서 자식을 많이 낳고 행복하게 살기를 바라는 마음을 담고 있다.

5 수명이 길지 않았던 옛사람들은 오래 사는 것에 관심이 매우 많았다. 그래서 해, 구름, 물, 산, 돌, 소나무, 거북, 학, 사슴, 불로초를 그린 '십장생도'로 ㉠병 없이 건강하게 오래 살기를 기원했다. '장수'를 상징하는 열 가지에 오래오래 건강하게 살고 싶은 마음을 담아낸 것이다. '목숨 수(壽)' 자와 '복 복(福)' 자를 여러 모양으로 반복해서 그린 '백수백복도' 역시 건강하고 행복하게 오래 살고 싶은 소망을 담고 있다.

6 사람이 지켜야 할 도리와 관련된 문자를 그림으로 표현한 '효제문자도'도 대표적인 민화 중 하나이다. '효(孝), 제(悌), 충(忠), 신(信), 예(禮), 의(義), 염(廉), 치(恥)'라는 문자를 그림으로 표현했다. 예를 들어, '효(孝)'는 잉어나 죽순, '제(悌)'는 앵두나무 꽃과 할미새를 그렸다. '충(忠)'은 용, '신(信)'은 파랑새를 그렸다. 이밖에도 '예(禮)'는 거북이, '의(義)'는 한 쌍의 새, '염(廉)'은 봉황, '치(恥)'는 매화와 달을 그렸다.

7 이처럼 민화는 서민들의 소망을 자유롭고 솔직하게 드러낸 *순박한 그림으로 이를 통해 그 당시 서민들의 생활 양식이나 관습 등을 엿볼 수 있다. 민화를 보며 당시 사람들의 생각을 짐작해 본다면 민화를 좀 더 새롭게 바라볼 수 있을 것이다.

* 유행했던: 특정한 행동 양식이나 사상 따위가 일시적으로 많은 사람의 추종을 받아서 널리 퍼졌던.
* 순박한: 거짓이나 꾸밈이 없이 순수하며 인정이 두터운.

1

짜임

이 글에서 사용한 설명 방법으로 알맞은 것은 무엇인가요? (   )

① 민화의 특징을 서양화와 비교하여 설명하였다.

② 민화의 발전을 시간의 흐름에 따라 설명하였다.

③ 여러 가지 민화의 특징과 소재를 늘어놓으며 설명하였다.

④ 민화에 대해 질문을 던지고 답하는 방식으로 설명하였다.

⑤ 민화를 그렸던 사람들이 살았던 곳을 중심으로 설명하였다.

2

내용 이해

민화에 대한 설명으로 알맞지 <u>않은</u> 것은 무엇인가요? (   )

① 실용적인 그림이다.

② 조선 후기에 유행했다.

③ 서민들의 소망이 담겨 있다.

④ 여러 동식물이 소재로 쓰였다.

⑤ 대부분 도화서의 화원들이 그렸다.

3

추론

❶~❼ 중에서 다음 내용이 들어가기에 알맞은 문단의 번호를 쓰세요.

> 또한 화려하고 탐스러운 모란을 화폭에 가득 그린 그림은 재물을 모아 부귀영화를 누리려는 소망을 담고 있다.

(   )

4

어휘·표현

㉠과 바꾸어 쓸 수 있는 말을 두 가지 고르세요. (   )

① 유구무언(有口無言)

② 만수무강(萬壽無疆)

③ 무용지물(無用之物)

④ 무병장수(無病長壽)

⑤ 일취월장(日就月將)

5

내용 이해

다음은 '효제문자도'와 관련된 옛이야기입니다. 어떤 글자와 관련된 이야기일지 **6**문단에서 찾아 한 글자로 쓰세요.

> 옛날 중국에 왕상이라는 사람이 있었다. 어느 추운 겨울날, 어머니는 왕상에게 잉어가 먹고 싶다고 하였다. 그러나 날씨가 너무 추워 강이 꽝꽝 얼어 있었다. 왕상은 잉어를 낚으려고 애썼지만 구하지 못하자 얼음 위에서 울었다. 그러자 얼음 속에서 잉어가 튀어나왔고, 왕상은 어머니께 잉어를 드릴 수 있었다.

(   )

6

추론

조선 후기에는 민화를 어떻게 활용하였을지 알맞게 짐작하지 <u>못한</u> 것은 무엇인가요?

(   )

① 노인들은 '백수백복도'를 선물 받으면 기뻐했을 것이다.
② 새해를 앞둔 때에는 '작호도'를 사는 사람이 많았을 것이다.
③ 노인들에게 '십장생도'를 선물하는 사람들이 많았을 것이다.
④ 한 쌍의 원앙이 그려진 '화조도'는 대문에 장식해 두었을 것이다.
⑤ 아이들의 방 안에는 교육을 위해 '효제문자도'를 장식해 두었을 것이다.

7

적용·창의

다음 글을 바탕으로 아래와 같은 문배도를 게시한 까닭은 무엇일지 짐작하여 쓰세요.

> 2021년 설 연휴 첫날인 11일 오후 서울 종로구 경복궁 광화문에 금갑장군이 그려진 문배도가 걸려 있다. 문화재청 궁능유적본부 경복궁 관리소는 오는 11일부터 14일까지 게시하기로 했다.

_____

_____

어휘력 강화

낱말의 뜻

1 다음과 같은 뜻을 가진 낱말을 ○보기○에서 찾아 쓰세요.

○보기○	치르다	순박하다	유행하다	장식하다

(1) ( ): 무슨 일을 겪어 내다.

(2) ( ): 액세서리 따위로 치장하다.

(3) ( ): 거짓이나 꾸밈이 없이 순수하며 인정이 두텁다.

(4) ( ): 특정한 행동 양식이나 사상 따위가 일시적으로 많은 사람의 추종을 받아서 널리 퍼지다.

비슷한말

2 다음 밑줄 친 낱말과 바꾸어 쓸 수 있는 낱말에 ○표 하세요.

(1) 유명한 작가의 미술 작품을 <u>구입</u>했다. (구매, 판매)

(2) 할머니께서 <u>회갑</u>을 맞으셔서 시골에 내려갔다. (칠순, 환갑)

(3) 십장생 중 하나인 거북은 <u>목숨</u>이 긴 것으로 알려져 있다. (명, 호흡)

(4) 우리 주민 센터에서는 지역 어린이의 <u>소망</u>을 하나씩 접수했다. (소통, 염원)

관용어

3 다음 내용과 관련 있는 관용어에 ○표 하세요.

> 조선 시대 민화를 전시한 곳에 다녀왔다. 저마다의 소망을 담은 그림을 보며, 우리 가족 모두 올해는 제발 마스크 벗고 건강하게 지낼 수 있게 해 달라고 똑같은 소원을 빌었다.

(1) 맥이 풀리다 ( )

(2) 눈이 빠지다 ( )

(3) 입을 모으다 ( )

(4) 마음을 비우다 ( )

1 어른들이 외모 관리를 위해 하는 다이어트가 요즘 청소년들에게까지 유행하고 있다. 뚱뚱한 몸보다 날씬한 몸이 예쁘고 아름답다는 사회 분위기가 대중 매체를 통해 형성되면서 다이어트에 대한 청소년들의 관심이 쏠리고 있다.

2 한 교복 회사가 2017년에 초·중·고등학생 1만939명을 대상으로 한 설문 조사 결과는 꽤 충격적이다. ㉠이 설문 조사에 따르면 청소년 10명 중 8명이 다이어트를 해 본 경험이 있었다. 그리고 그중 47.4%가 중학생 때 처음으로 다이어트를 시작했다고 응답했다. 게다가 초등학생 때 다이어트를 시작했다는 응답도 45.4%나 되었다. 청소년들은 다이어트를 하는 까닭으로 외모 관리 및 자기만족을 위해(53.8%), 원하는 사이즈의 옷을 입기 위해(14.9%), 건강 관리를 위해(12.6%) 등을 들었다. 청소년들에게 다이어트 방법을 복수 선택하게 한 결과, 운동(43.8%)과 식사량 조절(39.7%)을 많이 선택했다. 그러나 무작정 굶기(9.7%), 원푸드 다이어트(2.3%), 보조제 및 시술(1.9%)과 같은 건강하지 못한 방법을 사용하는 경우도 있었다. ㉡이처럼 건강하지 못한 방법으로 이루어지는 무리한 청소년 다이어트는 어떤 문제가 있을까?

3 한창 자라나는 청소년들이 다이어트로 인하여 필요한 영양분을 섭취하지 못하면 성장에 방해가 될 수 있다. 청소년기는 급격한 성장으로 철분이 많이 필요하다. 그런데 저열량 식사나 원푸드 다이어트, 무조건 굶기 등의 방법을 쓰면 철분이 부족해져 빈혈에 걸리기 쉽다. 계속되는 다이어트로 영양 불균형이 일어나면 청소년기의 신체나 뇌 발달을 저해한다.

4 또, 청소년기의 지나친 다이어트는 마른 몸에 집착하게 해 비정상적으로 음식을 섭취하는 섭식 장애를 일으킬 수 있다. 섭식 장애의 대표적인 증상으로는 먹는 것을 거부하거나 두려워하는 거식증과 음식을 한꺼번에 지나치게 많이 먹는 폭식증이 있다. ㉢이런 섭식 장애는 신체 기능을 떨어뜨려 생명을 위협할 수 있으므로 매우 위험하다.

5 이처럼 성장이 활발히 일어나는 청소년기에 잘못된 방법으로 무리한 다이어트를 하면 큰 문제가 생길 수 있다. ㉣따라서 자신의 적정 체중을 확인하고 다이어트가 필요한지 생각해 보아야 한다. 만약, 적정 체중이 아니라면 속도가 더디더라도 영양의 균형을 맞춘 식사와 운동을 병행하는 방법으로 건강한 다이어트를 해야 한다. ㉤가벼운 운동과 휴식은 청소년기의 공부 스트레스를 푸는 데도 효과적이다. 또 가장 중요한 것은 대중 매체에 휘둘리지 않도록 건강한 신체상을 갖는 일이다. 매체 속 연예인의 몸매를 가지려고 하기보다는 자신의 몸을 있는 그대로 받아들이고 사랑하는 태도를 갖도록 하자.

1

내용 이해

이 글에서 알 수 있는 내용이 <u>아닌</u> 것은 무엇인가요? (   )

① 건강한 다이어트 방법

② 청소년들의 다이어트 방법

③ 청소년이 다이어트를 하는 목적

④ 청소년들이 하는 다이어트의 문제점

⑤ 다이어트를 하는 청소년의 평균 체중

2

추론

❶~❺ 중에서 다음을 뒷받침하는 내용으로 사용할 수 있는 문단의 번호를 쓰세요.

> 대중 매체는 다이어트를 하면 자신감을 얻을 수 있고 예뻐질 수 있다며 외모 지상주의를 갖게 한다. 비쩍 마른 몸매의 연예인이나 모델을 내세워 마치 그들이 아름다움의 기준인 것처럼 광고하는 경우가 많다. 그리고 그만큼 마르지 않은 사람들에게는 놀리는 듯한 말을 하거나 다이어트를 강요하는 장면을 쉽게 볼 수 있다.

(   )

3

추론

이 글에서 짐작할 수 있는 내용으로 알맞지 <u>않은</u> 것은 무엇인가요? (   )

① 대중 매체는 청소년들에게 많은 영향을 미친다.

② 청소년기의 다이어트는 성장을 방해할 수 있다.

③ 무리한 다이어트는 신체적·정신적 문제를 일으킨다.

④ 날씬한 몸이 예쁘고 아름답다고 생각하는 청소년들이 많다.

⑤ 다이어트는 청소년들의 섭식 장애를 개선하는 데 도움이 된다.

4

주제

글쓴이의 관점이 드러난 표현이 <u>아닌</u> 것에 ×표 하세요

(1) 자신의 몸을 있는 그대로 받아들이고 사랑하는 태도를 갖도록 하자.   (   )

(2) 청소년기에 잘못된 방법으로 무리한 다이어트를 하면 큰 문제가 생길 수 있다. (   )

(3) 청소년들에게 다이어트 방법을 복수 선택하게 한 결과, 운동과 식사량 조절을 많이 선택했다.   (   )

5

비판

이 글을 읽고 근거가 적절한지 바르게 판단하지 <u>못한</u> 친구는 누구인지 쓰세요.

> 채은: 다이어트에 성공해 건강을 되찾은 청소년의 실제 사례를 들어 구체성을 높이고 있어.
>
> 민서: 설문 조사 결과를 뒷받침 자료로 제시해서 청소년 다이어트 실태에 대한 신뢰성을 높이고 있어.
>
> 현우: 청소년 다이어트의 문제점을 근거로 들어 건강한 다이어트를 해야 한다는 주장을 뒷받침하는 것은 논리적으로 타당해.

(   )

6

비판

㉠~㉤ 중에서 글의 흐름상 삭제해야 할 문장은 무엇인가요? (   )

① ㉠   ② ㉡   ③ ㉢

④ ㉣   ⑤ ㉤

7

적용·창의

이 글의 글쓴이가 민지에게 할 수 있는 말로 알맞지 <u>않은</u> 것은 무엇인가요? (   )

> 초등학생인 민지는 외모에 관심이 많다. 최근 유명 가수의 다이어트 식단을 인터넷에서 보게 된 민지는 그 식단을 따라 다이어트를 하기로 결심했다. 평소 먹던 식사량의 절반도 안 되지만 이 식단을 그대로 따라 하면 유명 가수와 같이 예뻐질 수 있을 것이라 생각하며 기대하고 있다.

① 거식증이나 폭식증과 같은 섭식 장애가 일어날 수 있으니 주의해야 해.

② 다이어트를 통해 절제하는 습관을 배우고 자신을 균형 있게 만들 수 있어.

③ 식사량을 무리하게 줄이며 다이어트를 하는 것은 성장에 방해가 될 수 있어.

④ 다이어트를 꼭 해야 한다면 균형 잡힌 식사를 하고 운동을 해 보는 건 어떨까?

⑤ 먼저 자신의 적정 체중을 확인하고 다이어트를 꼭 해야 하는 상황인지 판단해야 해.

어휘력 강화

낱말의 뜻

1 다음과 같은 뜻을 가진 낱말을 ◦보기◦에서 찾아 쓰세요.

◦ 보기 ◦	섭취	병행	거부	불균형

(1) (   ): 둘 이상의 일을 한꺼번에 행함.

(2) (   ): 어느 편으로 치우쳐 고르지 않음.

(3) (   ): 요구나 제의 따위를 받아들이지 않고 물리침.

(4) (   ): 생물체가 양분 따위를 몸속에 빨아들이는 일.

동형어

2 다음 밑줄 친 낱말은 어떤 뜻으로 쓰였는지 ◦보기◦에서 알맞은 것을 찾아 기호를 쓰세요.

◦ 보기 ◦
⑦ 어떤 일을 하는 데에 재료나 도구, 수단을 이용하다.
⑭ 먼지나 가루 따위를 몸이나 물체 따위에 덮은 상태가 되다.
⑭ 원서, 계약서 등과 같은 서류 따위를 작성하거나 일정한 양식을 갖춘 글을 쓰는 작업을 하다.

(1) 광부들은 석탄가루를 까맣게 <u>쓰고</u> 일했다.   (   )

(2) 수연이는 중학생이 되어 입학 원서를 <u>썼다.</u>   (   )

(3) 자연을 보호하려면 주방 세제를 너무 많이 <u>쓰면</u> 안 된다.   (   )

속담

3 다음 상황에 어울리는 속담에 ○표 하세요.

> 지은이는 체중 감량을 위해 한 달 동안 하루에 한 끼만 먹다가 체육 시간에 빈혈로 쓰러졌다.

(1) 등잔 밑이 어둡다 (   )   (2) 핑계 없는 무덤이 없다 (   )

(3) 달면 삼키고 쓰면 뱉는다 (   )   (4) 빈대 잡으려고 초가삼간 태운다 (   )

가

우리는 살아가면서 여러 가지 도덕적 선택을 합니다. 과연 우리의 결정은 늘 올바르고 정의로울까요?

이런 질문을 해결하는 생각 실험이 있습니다. 만약 내가 기차의 기관사라면 다음 상황에서 어떻게 행동할지 생각해 봅시다. 나는 시속 100킬로미터로 빠르게 달리는 기차를 운전하고 있습니다. 그때 기차가 달리는 창문 밖으로 *철로에서 일하는 다섯 명의 인부가 보였습니다. 기차를 멈추려고 했지만 기차의 *브레이크가 고장 나서 멈출 수

없습니다. 그런데 오른쪽 비상 철로를 보니 인부 한 사람이 일하고 있습니다. 기차가 그대로 달린다면 다섯 사람이 목숨을 잃게 될 것이고, 비상 철로로 방향을 돌린다면 한 사람이 목숨을 잃게 됩니다. 기관사는 어떻게 해야 할까요?

이 질문에 대해 19세기 영국의 철학자였던 벤담은 한 사람을 희생해 다섯 사람을 구하는 것이 옳은 결정이라고 말합니다. 벤담은 모두의 행복을 *극대화하는 것이 올바른 행동이라는 공리주의를 주장한 철학자입니다. 벤담은 인간은 누구나 고통을 피하고 행복을 추구한다고 보았습니다. 그리고 신분이나 재산, 인종, 성별과 상관없이 모든 사람의 행복이나 고통의 무게는 동일하다고 여겼습니다. 수많은 개인이 모여 있는 사회 전체의 행복이 중요하다고 생각한 벤담은 국가의 법을 만들 때에도 많은 사람, 즉 다수의 행복과 고통을 고려해서 '최대 다수의 최대 행복'을 기준으로 만들어야 한다고 주장했습니다.

실제로 현대 정부나 국회에서 정책을 세우거나 법을 만들 때 공리주의의 방식을 많이 적용하고 있습니다. 예를 들어, 어떤 장소에 원자력 발전소를 짓는 데 드는 비용과 손해 규모, 새로 발생할 *이익 등을 계산하여 얼마나 많은 사람에게 어떤 이익이 있는지 따져 보고 결정을 내립니다. 공리주의에 따르면 가능한 한 많은 국민들이 경제적인 이익을 얻고 행복이나 복지를 누릴 수 있는 방향으로 결정을 내리고 법을 만드는 것이 도덕적으로 올바른 일이기 때문입니다.

● 지문의 난이도
상 중 하

● 문제의 난이도
상 중 하

▶ **낱말 뜻**

＊철로: 침목 위에 철로 만든 궤도를 놓아 그 위로 기차를 운전하게 만든 시설.
＊브레이크: 기차 등의 운전 속도를 조절하고 제어하기 위한 장치.
＊극대화하는: 아주 커지는. 또는 아주 크게 하는.
＊이익: 물리적으로나 정신적으로 보탬이 되는 것.

그러나 다섯 사람의 목숨을 구한다고 해도 한 사람을 희생시키는 것은 잔인해 보입니다. 어떤 생명이 더 소중하다고 말할 수 없기 때문입니다. 이런 곤란한 상황 때문에 도덕적 결정에는 항상 책임이 따릅니다.

나

만약 내가 누군가의 실수로 우승을 차지했다면 어떻게 행동해야 할까요?

미국에서는 매년 많은 사람들이 열광하는 전국 철자 맞히기 대회가 열립니다. 이 대회의 우승자였던 한 소년은 심판에게 자신이 철자를 잘못 말했다며 1등 자격이 없다고 고백했습니다. 사람들은 소년의 정직함에 감동을 받았고 다음 날 뉴욕 타임즈에는 '철자 맞히기 대회의 영웅은 철자를 틀린 소년'이라는 기사가 실렸습니다. 소년은 기사에서 자신은 *치사한 인간이 되기 싫어서 잘못을 정직하게 말했다고 했습니다. 이 소년은 올바른 행동, 즉 도덕적인 행동을 한 것일까요?

18세기 독일의 철학자 칸트는 이 행동이 도덕적이냐 아니냐는 왜 그런 행동을 했는지 그 *동기에 따라 다르다고 생각합니다. 만약 철자를 틀린 소년이 진실을 말한 이유가 철자를 잘못 말한 것이 나중에 *발각되었을 때 자신에게 피해가 올 것을 염려하여 말한 것이라면 도덕적인 행동이 아니라고 봅니다. 즉, 자신에게 조금이라도 유리한 것을 얻기 위해서 한 행동이라면 그 행동은 도덕적이지 못하다는 것입니다.

칸트는 밤하늘의 별들이 자연 법칙에 따라 질서 있게 움직이는 것처럼 인간의 마음속에는 선하게 살려는 도덕 법칙이 있다고 생각했습니다. 칸트는 아무런 목적이나 의도 없이 마음속에 있는 순수한 도덕 법칙인 도덕적 *의무에 따라 행동하는 것이 올바른 행동이라고 여겼습니다. 만약 철자를 틀린 소년이 무언가를 얻기 위해서가 아니라 자신의 마음속에 있는 도덕적 의무에 따라 자신의 잘못을 정직하게 말한 것이라면 도덕적인 행동으로 볼 수 있는 것입니다.

칸트는 인간이라면 마음속 도덕 법칙에 따라 올바르게 행동할 수 있다고 주장했습니다. 옳은 일이기 때문에 결과를 따지지 않고 행동하는 것이 인간다움을 실현하는 것이라고 여겼습니다.

• 벤담(Bentham, Jeremy) 제러미 벤담, 영국의 철학자·법학자(1748~1832). 인생의 목적은 최대 다수의 최대 행복의 실현에 있다고 하는 공리주의를 주장하였다. 저서에 《도덕과 입법의 원리 입문》 따위가 있다.

• 칸트(Kant, Immanuel) 이마누엘 칸트, 독일의 철학자(1724~1804). 경험주의와 합리주의를 통합하는 입장에서 인식의 성립 조건과 한계를 확정하고, 형이상학적 현실을 비판하여 비판 철학을 확립하였다. 저서에 《순수 이성 비판》, 《실천 이성 비판》, 《판단력 비판》, 《영구 평화론》 따위가 있다.

낱말 뜻

*치사한: 행동이나 말 따위가 쩨쩨하고 남부끄러운.
*동기: 어떤 일이나 행동을 일으키게 하는 계기.
*발각되었을: 숨기던 것이 드러났을.
*의무: 사람으로서 마땅히 하여야 할 일. 곧 맡은 직분.

1

주제

글 가와 나는 무엇에 대하여 설명한 글인가요? (   )

① 인간은 왜 실수를 하는가?

② 왜 착하게 살아야 하는가?

③ 도덕적인 행동의 기준은 무엇인가?

④ 인간이 동물보다 우수한 까닭은 무엇인가?

⑤ 많은 사람을 행복하게 하는 행동은 무엇인가?

2

내용 이해

글 가와 나의 내용으로 알맞지 않은 것은 무엇인가요? (   )

① 우리의 도덕적 선택이나 결정에는 책임이 따른다.

② 공리주의는 현대의 정책이나 법을 만들 때도 쓰였다.

③ 벤담은 최대 다수의 최대 행복을 중요하게 생각했다.

④ 벤담은 사람들마다 행복이나 고통의 무게가 다르다고 생각했다.

⑤ 칸트는 도덕적인 행동이냐 아니냐는 동기에 달려 있다고 생각했다.

3

어휘·표현

◦보기◦와 같은 관계를 가진 낱말을 찾으려고 할 때, 빈칸에 들어갈 낱말을 글 가에서 찾아 쓰세요.

┌───┐
│ ◦ 보기 ◦   극대화 ↔ 극소화   │
└───┘

손해 ↔ (   )

4

비판

글 가를 읽고 비판적 관점에서 자신의 의견을 바르게 말한 친구는 누구인지 쓰세요.

┌───┐
│ 초희: 개인의 행복을 추구하는 것도 중요하지만 사회 전체의 이익도 고려해야 하지 않 │
│   을까?   │
│ 수정: 인간 사회에서 문제를 해결할 때는 반드시 새로 발생할 이익을 따져서 판단해야 │
│   하지 않을까?   │
│ 규민: 나라의 법을 만들 때 무조건 많은 사람의 행복이 기준이 되면 소수의 의견을 가 │
│   진 사람들이 매번 피해를 보지 않을까?   │
└───┘

(   )

5 추론

다음 민재의 질문에 대하여 글 **나**의 관점에서 대답한 친구는 누구인가요? (　　　)

어떤 행인이 길을 잃은 할머니를 도와 길을 찾아 드렸어. 그 까닭은 무엇일까?

민재

① 선희: 칭찬받고 싶었기 때문일 거야.
② 정우: 할머니가 보상을 해 줄 테니까.
③ 혜미: 주변 사람들이 매정하다고 할 테니까.
④ 민지: 할머니의 가족들이 부탁했기 때문일 거야.
⑤ 호진: 길을 잃은 할머니를 돕는 것은 도덕적 의무이기 때문이야.

6 적용·창의

글 **나**의 입장을 가진 의사가 다음 상황에서 할 수 있는 도덕적 행동에 ○표 하세요.

> 의사가 암에 걸려 살 날이 얼마 남지 않은 환자에게 현재 상태에 대하여 말해 주어야 하는 상황

(1) 의사는 환자에게 희망을 주기 위하여 "가벼운 병입니다. 오래 사실 수 있습니다."라고 선의의 거짓말을 해야 한다.　　　　　　　　　　　　　　　　　　　　　　　(　　　)

(2) 의사는 환자에게 정확한 정보를 주기 위하여 "당신은 암에 걸렸습니다. 정확히 알고 치료하셔야 합니다."라고 진실을 말해야 한다.　　　　　　　　　　　　　(　　　)

7 추론

다음은 글 **가**와 **나** 중에서 어떤 글의 사례로 알맞은지 기호를 쓰세요.

> 홍길동은 가난한 백성들을 괴롭혀 재산을 모은 탐관오리를 혼내 주기 위해 돈과 재물을 훔쳤다. 홍길동은 훔친 재산을 형편이 어려운 백성들에게 나누어 주었다. 이 행동은 결과적으로 형편이 어려운 백성이 모두 재물을 나누어 쓸 수 있으므로 도덕적으로 옳은 행동이다.

(　　　　　　　　　)

❶					❸
❷			❹		
		❺			
❻				❼	
❽	❾				

가로 →

❷ 높이어 귀중하게 대함.
　예 인권은 ○○되어야 한다.

❺ 전염병이 널리 퍼져 돌아다님.
　예 코로나-19 바이러스 대○○.

❼ 독일의 철학자. 인간은 마음속 도덕 법칙에
　따라 올바르게 행동할 수 있다고 주장함.

❽ 액세서리 따위로 치장하다.
　예 대문을 여러 색깔의 꽃으로 화려하게 ○
　○○○.

세로 ↓

❶ 살아 있음. 또는 살아남음.

❸ 건강이나 미용을 위해 음식의 종류와 양을
　조절해서 먹은 일.

❹ 둘 이상의 일을 한꺼번에 행함.

❻ 당면하고 있는 상황.
　예 논란에 대한 ○○을 밝혔다.

❾ 끼니로 음식을 먹음. 또는 그 음식.

정답 및 해설 16쪽에서 확인하세요.

 다음 빈칸에 들어갈 모양은 무엇일까요? 일단 같은 종류의 모양을 체크해 보세요.

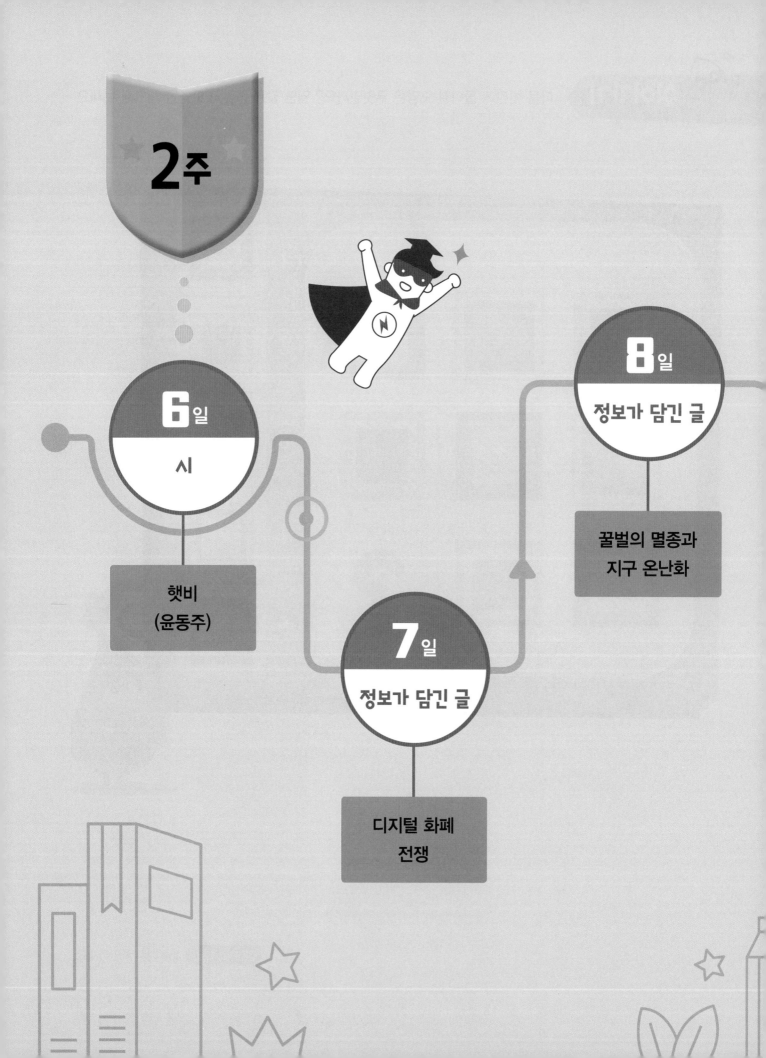

2주

6일
시

햇비
(윤동주)

7일
정보가 담긴 글

디지털 화폐
전쟁

8일
정보가 담긴 글

꿀벌의 멸종과
지구 온난화

10일

최상위 독해

- 봄봄(김유정)
- 별(알퐁스 도데)

9일

의견이 담긴 글

나에게는
꿈이 있습니다
(마틴 루터 킹)

*햇비

윤동주

㉠아씨처럼 나린다

보슬보슬 햇비

맞아 주자 다 같이

㉡옥수숫대처럼 크게

닷 *차 엿 자 자라게

해님이 웃는다

나 보고 웃는다.

㉢하늘 다리 놓였다

*알롱알롱 무지개

㉣노래하자 즐겁게

동무들아 이리 오나

다 같이 춤을 추자

㉤해님이 웃는다

즐거워 웃는다.

*햇비: '여우비(볕이 나 있는 날 잠깐 오다가 그치는 비.)'의 방언.

*자: 길이의 단위. 한 자는 한 치의 열 배로 약 30.3cm에 해당함.

*알롱알롱: 여러 가지 빛깔의 작고 또렷한 점이나 줄 따위가 고르고 촘촘하게 무늬를 이룬 모양.

1 　내용 이해

이 시에 대한 설명으로 알맞지 <u>않은</u> 것은 무엇인가요? (　　　)

① 말하는 이는 햇비이다.

② 1연과 2연이 서로 짝을 이루고 있다.

③ '~자'라는 말을 반복해 노래하는 느낌을 준다.

④ '아씨', '햇비'처럼 순우리말을 많이 사용하고 있다.

⑤ 모양을 흉내 내는 말을 써서 생생한 느낌을 주고 있다.

2 　추론

이 시를 읽고 떠올릴 수 있는 장면이 <u>아닌</u> 것은 무엇인가요? (　　　)

① 하늘 위에 무지개가 떠 있는 모습

② 아이들이 비를 맞으며 환하게 웃는 모습

③ 해가 떠 있는데 비가 보슬보슬 내리는 모습

④ 아씨가 옥수숫대 아래에서 비를 피하는 모습

⑤ 옥수숫대가 아이들보다 더 길게 자라 있는 모습

3 　어휘·표현

㉠~㉤ 중 다음 밑줄 친 부분과 같은 표현법이 쓰인 것을 두 가지 골라 기호를 쓰세요.

<u>꽃가루와 같이 부드러운 고양이의 털</u>에 / 고운 봄의 향기가 어리우도다.

ー 이장희, 「봄은 고양이로다」 중에서

(　　　　　　　　)

4 　어휘·표현

다음 표현에 대한 설명으로 알맞은 것은 무엇인가요? (　　　)

㉮ 하늘에 무지개가 떴다.

㉯ 하늘 다리 놓였다
알롱알롱 무지개

① ㉮는 ㉯에 비해 더 감각적인 느낌을 준다.

② ㉮는 ㉯에 비해 더 재미있게 설명하고 있다.

③ ㉮는 ㉯에 비해 노래하는 듯한 느낌을 준다.

④ ㉯는 ㉮에 비해 감각적이며 신선한 느낌을 준다.

⑤ ㉯는 ㉮에 비해 정확하고 논리적인 느낌을 준다.

5

추론

이 시의 분위기에 어울리는 낱말끼리 묶인 것은 무엇인가요? (   )

① 애달프다, 곱다, 조용하다

② 밝다, 경쾌하다, 조용하다

③ 명랑하다, 경쾌하다, 희망차다

④ 순수하다, 우울하다, 깨끗하다

⑤ 포근하다, 부드럽다, 애달프다

6

주제

이 시의 주제로 알맞은 것은 무엇인가요? (   )

① 인체의 신비로움

② 고향에 대한 그리움

③ 아이들이 자연재해를 극복하려는 모습

④ 어린 시절로 다시 되돌아가고 싶은 마음

⑤ 아이들이 자연 속에서 밝게 자라는 모습

7

적용·창의

다음 글을 참고하여 이 시를 알맞게 이해하지 <u>못한</u> 것에 ×표 하세요.

> 이 시는 우리 민족이 일본에 나라를 빼앗겨 수난을 겪었던 일제 강점기에 쓰여졌습니다. 당시 일제는 우리 민족이 우리말과 글을 쓰지 못하도록 탄압하며 우리 민족의 정신을 없애려고 했습니다. 이 시기 대표적인 저항 시인이었던 윤동주는 민족의 한과 고통을 담은 시를 썼습니다.

(1) **미희**: 시인은 일제 강점기에 아이들이 햇비를 맞으며 건강하게 자라는 모습을 보며 희망을 노래했을 거야.   (   )

(2) **기훈**: 시인은 이 시에서 우리 민족을 탄압하는 일제를 '무지개'로 표현했어. 무지개는 잠깐 떠 있다가 사라지니까.   (   )

(3) **영준**: 우리말과 글을 쓰기 어려운 시기였기 때문에 시인은 시 속에 순우리말을 많이 써서 우리말을 지키고 싶었을 거야.   (   )

어휘력 강화

낱말의 뜻

1 다음과 같은 뜻을 가진 낱말을 ◎보기◎에서 찾아 쓰세요.

> ◎ 보기 ◎   동무   아씨   알롱알롱   보슬보슬

(1) (   ): 늘 친하게 어울리는 사람.

(2) (   ): 아랫사람들이 젊은 부녀자를 높여 이르는 말.

(3) (   ): 눈이나 비가 가늘고 성기게 조용히 내리는 모양.

(4) (   ): 여러 가지 빛깔의 작고 또렷한 점이나 줄 따위가 고르고 촘촘하게 무늬를 이룬 모양.

단위를 나타내는 말

2 ◎보기◎의 밑줄 친 낱말이 들어갈 수 있는 곳을 두 가지 찾아 ○표 하세요.

> ◎ 보기 ◎   닷 <u>자</u> 엿 <u>자</u> 자라게

(1) 어머니께서 고등어 한 ▨을/를 사 오셨다.   (   )

(2) 얼마나 피곤한지 눈이 한 ▨(이)나 들어갔다.   (   )

(3) 내 입학식에 온다며 동생이 옷을 세 ▨(이)나 샀다.   (   )

(4) 할아버지 방에는 여섯 ▨이/가 넘는 큰 궤짝이 있다.   (   )

속담

3 다음 밑줄 친 부분과 관련 있는 속담에 ○표 하세요.

> 비가 오면 피하기 마련이지만 이 시에 등장하는 아이들은 비를 두려워하지 않고 햇비를 반갑게 맞아 준다. <u>마땅히 해야 할 일을 비 때문에 멈출 수 없다는 듯</u> 햇비 속에서 즐겁게 춤추고 노래한다. 해님은 이런 아이들에게서 희망을 보고 웃을 수 있다.

(1) 가재는 게 편 (   )   (2) 비 온 뒤에 땅이 굳어진다 (   )

(3) 구더기 무서워 장 못 담글까 (   )   (4) 고래 싸움에 새우 등 터진다 (   )

1 종이돈과 동전이 점점 사라지고 있다. 신용 카드의 사용이 증가하고 모바일 결제 수단들이 생겨나면서 현금을 사용하는 비중은 점점 감소하고 있다. 최근 기술의 발전으로 다양한 디지털 화폐가 등장하면서 디지털 화폐 시대가 눈앞에 다가왔다.

2 디지털 화폐는 컴퓨터 데이터로 존재하는 화폐를 통틀어 이르는 말이다. 디지털 화폐는 크게 암호 화폐, 스테이블 코인, 중앙은행 디지털 화폐로 구분된다.

유명 암호 화폐 중 하나로 비트코인이 있다. 암호 화폐는 정보를 블록처럼 만들어 저장하고 사슬처럼 연결하는 블록 체인 기술을 바탕으로 만들어진 디지털 화폐로, 시장의 수요와 공급에 따라 가격이 달라진다.

스테이블 코인은 2019년 페이스북에서 발표한 리브라가 대표적이다. *민간 기업들이 모여 1코인당 1달러로 가격을 고정해서 암호 화폐의 단점을 보완했지만 민간 운영으로 정부에서 통제하기 어렵다는 단점이 있다.

㉠중앙은행의 디지털 화폐는 블록 체인 기술을 바탕으로 기존의 종이돈을 디지털로 발행하는 중앙은행 화폐이다. 대표적인 것이 중국의 디지털 위안화이다. 이 중앙은행 화폐를 만드는 기술은 암호 화폐와 비슷하다. 하지만 종이돈과 동전처럼 가격이 정해져 있고 법으로 정한 효력이 있다는 점에서 암호 화폐와는 다르다.

3 중앙은행에서 발행하는 디지털 화폐는 아직 도입이 논의되기도 전에 찬반 논란이 뜨겁다. 이 디지털 화폐를 사용하면 거래한 내용이 일일이 디지털로 기록되기 때문에 거래 내용이 투명해진다. 중앙은행이 실시간으로 거래 정보를 수집해 *통화 정책을 세울 때 도움을 주며, 뇌물이나 *탈세 같은 각종 금융 범죄를 방지할 수 있다. 또 종이돈이나 동전을 찍어 내고 관리하는 데 드는 비용을 절약할 수 있다. 소비자 입장에서도 굳이 현금이나 신용카드를 가지고 다니지 않아도 중앙은행 디지털 화폐에 연결된 계좌를 언제 어디서든 이용할 수 있기 때문에 편리하다. 반면 개인과 개인, 개인과 기업의 거래가 투명하게 드러나면서 개인 정보 보호 문제와 사생활 침해 우려가 크다는 비판도 있다.

4 세계 각국은 앞다투어 디지털 화폐 시범 사업과 연구에 속도를 내며 경쟁하고 있다. 디지털 화폐 시대는 피할 수 없는 시대적 흐름이다. (㉡)이라는 말이 있듯이 우리나라도 디지털 화폐 시대에 대한 철저한 준비와 대응이 필요하다.

---

* 민간: 관청이나 정부 기관에 속하지 않음.　　　　　* 통화: 유통 수단이나 지불 수단으로서 기능하는 화폐.
* 탈세: 세금을 낼 의무가 있는 개인이나 법인이 세금의 전부 또는 일부를 내지 않는 일.

1

내용 이해

이 글의 내용과 일치하지 <u>않는</u> 것은 무엇인가요? (   )

① 비트코인은 블록체인 기술을 바탕으로 만들어졌다.

② 디지털 화폐는 컴퓨터 데이터로 존재하는 화폐이다.

③ 세계 각국은 디지털 화폐 개발을 두고 경쟁하고 있다.

④ 신용 카드의 사용이 증가하면서 현금을 사용하는 비중도 늘어나고 있다.

⑤ 중앙은행 디지털 화폐가 도입되면 종이돈을 만드는 데 드는 비용을 줄일 수 있다.

2

짜임

이 글의 짜임을 바르게 나타낸 것은 무엇인가요? (   )

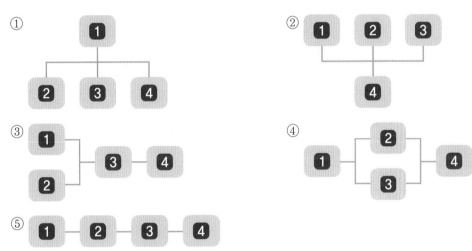

3

추론

디지털 화폐가 등장한 까닭은 무엇일지 쓰세요.

_____

_____

4

짜임

㉠의 설명 방법으로 알맞은 것은 무엇인가요? (   )

① 대상의 형태를 그림 그리듯이 설명하고 있다.

② 대상의 변화를 시간 순서대로 설명하고 있다.

③ 두 대상의 공통점과 차이점을 설명하고 있다.

④ 대상을 일정한 기준으로 나누어 설명하고 있다.

⑤ 여러 가지 대상의 특징을 늘어놓으며 설명하고 있다.

5

ⓒ에 들어갈 사자성어로 알맞은 것은 무엇인가요? (   )

① 유비무환(有備無患)   ② 소탐대실(小貪大失)

③ 유구무언(有口無言)   ④ 백해무익(百害無益)

⑤ 진퇴양난(進退兩難)

6

❶~❹ 중 다음 자료를 활용할 수 있는 문단의 번호를 쓰세요.

	암호 화폐	스테이블 코인	중앙은행 디지털 화폐
발행 기관	민간	민간	중앙은행
특징	블록체인 기술	암호 화폐 단점 보완	투명성
가치	시장에서 결정됨	화폐 가치가 고정됨	실물 화폐와 같음
예	비트코인	리브라	중국 디지털 위안화

(   )

7

이 글의 글쓴이라면 다음 상황을 보고 어떤 해결 방안을 제안할지 알맞은 것에 ○표 하세요.

> 화폐가 디지털화되는 시대의 흐름은 거스를 수 없지만 노인이나 장애인 등 금융 약자의 소외를 부추길 수 있다.

⑴ 거동이 불편한 노인이나 장애인들은 디지털 화폐의 가격을 다르게 제공해야 한다.

(   )

⑵ 노인이나 장애인들은 디지털 화폐를 사용하기 어려우므로 디지털 화폐의 개발 및 확산을 막아야 한다. (   )

⑶ 디지털 화폐를 쓰기 전에 노인이나 장애인이 쉽게 쓸 수 있는 앱이나 프로그램을 개발하여 시대의 흐름에 잘 적응할 수 있도록 도와야 한다. (   )

어휘력 강화

낱말의 뜻

1 다음과 같은 뜻을 가진 낱말을 ○보기○에서 찾아 쓰세요.

> ○보기○ 통화 탈세 뇌물 침해

(1) (   ): 침범하여 해를 끼침.

(2) (   ): 유통 수단이나 지불 수단으로서 기능하는 화폐.

(3) (   ): 세금을 낼 의무가 있는 개인이나 법인이 세금의 전부 또는 일부를 내지 않는 일.

(4) (   ): 개인이 이익을 위해 공적인 책임이 있는 사람에게 건네는 부정한 돈이나 물건.

반대말

2 다음 밑줄 친 낱말과 뜻이 반대인 낱말에 ○표 하세요.

(1) 올해 상반기부터 스마트폰의 수요가 증가하고 있다.   (감소, 확대)

(2) 휴가철이 되자 유명 관광지에 사람들의 발길이 이어졌다.   (미명, 무명)

(3) 사용하지 않는 전자 제품의 콘센트를 뽑으면 전기를 절약할 수 있다.   (절감, 낭비)

사자성어

3 다음 밑줄 친 내용과 관계있는 사자성어에 ○표 하세요.

> 세계 각국은 앞다투어 디지털 화폐에 대한 시범 사업과 연구에 속도를 내며 경쟁하고 있다. 디지털 화폐 시대는 피할 수 없는 시대적 흐름이다.

(1) **누란지위(累卵之危)** → 층층이 쌓아 놓은 알의 위태로움이라는 뜻으로, 몹시 아슬아슬한 위기를 비유적으로 이르는 말.   (   )

(2) **기호지세(騎虎之勢)** → 호랑이를 타고 달리는 형세라는 뜻으로, 이미 시작한 일을 중도에서 그만둘 수 없는 경우를 비유적으로 이르는 말.   (   )

1 전 세계적으로 벌이 사라지고 있다. 벌의 실종 사건은 2006년 미국에서 처음 발생했다. 꿀과 꽃가루를 따러 나간 벌이 다시 돌아오지 못해 애벌레와 여왕벌이 떼죽음을 당한 것이다. 미국은 최근 10년 사이에 야생벌의 수가 40% 감소했고, 유럽이나 다른 지역에서도 해마다 수많은 벌이 사라지고 있다고 밝혔다. 우리나라에서도 고구려 때부터 2000년 동안 키워 오던 토종벌의 95%가 사라졌다. 2009년 강원도 홍천에서는 '낭충봉아부패병'이 퍼져 나가면서 토종벌이 멸종 위기에 처하기도 했다. 낭충봉아부패병은 꿀벌 애벌레가 바이러스에 감염돼 죽는 질병이다. 전염성도 높고 *치사율이 90%나 되지만 아직까지 별다른 치료제가 없어 양봉업자들의 걱정이 크다.

2 벌의 역할을 생각해 볼 때 이는 심각한 문제이다. 벌은 전 세계 과일과 채소, 곡식의 *꽃가루받이를 담당하는 대표적인 곤충이다. 그중 사과, 양파, 당근 등은 90% 이상이 벌의 꽃가루받이에 의존하고 있다. ⓐ 벌이 사라진다면 식물이 사라지면서 생태계에 큰 혼란을 줄 수 있다. ⓑ 농작물 생산이 줄어들면서 전 세계는 식량난에 시달리게 될 것이다.

3 ⓒ 벌이 사라지고 있는 원인은 무엇일까? 이에 대해서는 아직 명확하게 밝혀지지 않았기 때문에 여러 가지 가정이 존재한다. ⓓ, 살충제를 원인으로 꼽는 전문가들이 있다. 식물을 재배할 때 살충제를 쓰는 경우가 있는데, 벌이 그 식물에 남아 있는 살충제의 영향을 받으면서 문제가 생긴 것이다. 꽃에 남아 있던 살충제는 벌의 신경계를 교란시켜 방향 감각을 잃게 하거나 *면역력을 낮추는 등의 문제를 일으키게 된다. 방향 감각을 잃은 벌은 집으로 돌아가지 못해 살아남기 힘들고 면역력이 약화된 벌은 건강을 유지하기 힘들다.

4 또 다른 원인으로 지구 온난화를 꼽는 전문가들도 있다. 지구 생태계에 큰 영향을 미치는 지구 온난화는 빙하를 녹여 해수면을 높이고 사막화를 가속화시키고 있다. 또한 이로 인해 이상 기후 현상이 나타나기도 한다. 벌은 온도 변화에 민감한 편이라서 이상 기후 현상에 잘 적응하지 못할 수 있다는 것이다. ⓔ 일교차가 갑자기 커지게 된다면 온도 변화에 빠르게 적응해야 되므로 벌에게 부담이 될 수 있다. 그리고 많은 비가 내리면 온도가 너무 급격하게 내려가 벌이 죽을 수 있다.

5 이외에도 벌의 멸종 원인을 밝히기 위한 연구가 계속되고 있다. 무선 장비의 전자기파, 바이러스와 곰팡이 등을 또 다른 원인으로 보기도 하고, 여러 가지 원인이 복합적으로

작용한 결과로 보기도 한다. 벌의 멸종이 전 세계 생태계에 줄 부정적이고 위협적인 영향을 생각한다면, 하루 빨리 명확한 원인을 밝혀 이에 대한 대책을 마련해야 할 것이다.

* 치사율: 어떤 병에 걸린 환자 중에서 그 병으로 죽는 환자의 비율.
* 꽃가루받이: 종자식물에서 수술의 화분이 암술머리에 옮겨 붙는 일. 바람, 곤충, 새, 또는 사람의 손에 의해 이루어진다.
* 면역력: 몸 밖에서 들어온 병균을 이겨 내는 힘.

1
주제

❶~❺문단의 중심 내용으로 알맞은 것은 무엇인가요? (   )

① ❶문단: 미국과 유럽 등에서 양봉 산업이 활발해졌다.
② ❷문단: 벌은 전 세계 과일과 채소, 곡식의 꽃가루받이를 담당한다.
③ ❸문단: 벌이 사라지는 까닭으로 살충제를 원인으로 꼽는 전문가들이 있다.
④ ❹문단: 지구 온난화는 지구 생태계에 영향을 주고 있다.
⑤ ❺문단: 벌이 사라지는 까닭으로 바이러스가 원인인 것으로 밝혀졌다.

2
내용 이해

벌의 멸종 원인으로 제시한 내용이 <u>아닌</u> 것은 무엇인가요? (   )

① 살충제   ② 바이러스
③ 해수면 상승   ④ 지구 온난화
⑤ 무선 장비의 전자기파

3
짜임

❶~❺ 중 다음과 같은 내용 전개 방법을 사용한 문단의 번호를 모두 쓰세요.

> 이 글의 처음 부분은 설명하려는 중심 주제와 관련한 문제 상황을 구체적으로 제시하고 그 심각성을 밝히고 있다.

(   )

4

어휘·표현

㉠~㉤에 들어갈 말로 알맞지 <u>않은</u> 것은 무엇인가요? (   )

① ㉠: 만약

② ㉡: 그리고

③ ㉢: 그렇다면

④ ㉣: 먼저

⑤ ㉤: 결코

5

추론

이 글을 읽고 대답할 수 있는 질문이 <u>아닌</u> 것은 무엇인가요? (   )

① 벌의 멸종 원인은 무엇일까?

② 양봉업자들은 어떤 대책을 세웠을까?

③ 우리나라는 토종벌을 언제부터 길렀을까?

④ 지구 온난화는 생태계에 어떤 영향을 줄까?

⑤ 벌이 모두 사라지면 어떤 일이 일어날 수 있을까?

6

추론

❶~❺ 중 다음과 같은 자료를 추가할 수 있는 문단의 번호를 쓰세요.

> 2010년 유엔 생물 다양성 협약 보고서에 따르면 1970년~2006년 사이 지구 온난화로 인하여 지구 생물종의 31%가 사라졌다고 한다.

(   )

7

적용·창의

이 글을 참고하여 다음 내용을 읽고 난 반응으로 알맞은 것은 무엇인가요? (   )

> 미국 리치 박사가 꿀벌이 어떤 식물로부터 꿀을 얻었는지 조사한 결과, 시골에 있는 벌꿀에서는 평균 150종, 도시 근교의 벌꿀에서는 평균 100종, 도시의 벌꿀에서는 평균 200종의 식물 다양성이 발견됐다. 이 결과는 꿀벌이 잘 생존하는 순서와도 같았다. 그래서 그는 멸종 위기에 처한 꿀벌을 살리고 사람도 혜택을 얻을 수 있는 방법으로 '도시 양봉'이 효과적이라고 주장했다.

① 도시에서 양봉을 하면 벌의 멸종이 더 빨라질 거야.

② 도시는 공해가 심하니 시골에서 양봉을 하는 것이 더 좋아.

③ 벌의 멸종을 막으려면 도시에 있는 꽃을 모두 시골로 옮겨야 해.

④ 도시의 건물 옥상에 다양한 꽃을 심어 두면 벌의 멸종을 막을 수 있을 거야.

⑤ 사람에게 혜택을 주는 방법보다 벌의 멸종을 막을 수 있는 방법을 고민해야 해.

어휘력 강화

낱말의 뜻

1 다음과 같은 뜻을 가진 낱말을 ㅇ보기ㅇ에서 찾아 쓰세요.

> **ㅇ보기ㅇ** 멸종   전염성   면역력   치사율

(1) (   ): 남에게 옮아가는 성질.

(2) (   ): 생물의 한 종류가 아주 없어짐.

(3) (   ): 몸 밖에서 들어온 병균을 이겨 내는 힘.

(4) (   ): 어떤 병에 걸린 환자 중에서 그 병으로 죽는 환자의 비율.

파생어

2 다음 밑줄 친 낱말 중에서 둘로 나눌 수 있는 낱말을 두 가지 찾아 ○표 하세요.

(1) 고구려는 동명왕 주몽이 세운 나라이다.   (   )

(2) 지구의 나이는 수십억 년 이상이라고 예상된다.   (   )

(3) 가뭄 피해를 본 지역에서 식량난에 시달리고 있다.   (   )

(4) 애벌레가 허물이나 껍질을 벗는 것을 탈피라고 한다.   (   )

관용어

3 다음 밑줄 친 내용과 관련 있는 관용어에 ○표 하세요.

> 2009년 강원도 홍천에서는 '낭충봉아부패병'이 퍼져 나가면서 토종벌이 멸종 위기에 처하기도 했다. 낭충봉아부패병은 꿀벌 애벌레가 바이러스에 감염돼 죽는 질병이다. 전염성도 높고 치사율이 90%나 되지만 아직까지 별다른 치료제가 없어 양봉업자들의 걱정이 크다.

(1) 코가 꿰이다 (   )   (2) 코가 빠지다 (   )

(3) 엎치나 메치나 (   )   (4) 사족을 못 쓰다 (   )

나에게는 꿈이 있습니다.

마틴 루터 킹

인권 운동가에게 "언제가 되면 만족하겠느냐?"고 묻는 사람이 있습니다. 흑인이 경찰의 무지막지한 폭력의 공포에 희생되고 있는 한, 우리에게 만족이란 없습니다. 흑인이 여행하다 피곤에 지쳐 무거워진 몸을 고속 도로 근처의 여관이나 시내의 호텔에 누일 수 없는 한, 우리는 만족할 수 없습니다. 흑인의 이주가 고작 작은 흑인 빈민가에서 더 큰 흑인 빈민가로 가는 것이 전부일 때, 우리는 만족하지 못합니다. 미시시피의 흑인이 투표권을 행사하지 못하고, 뉴욕의 흑인이 마땅히 투표할 이유를 찾지 못하는 한, 우리는 만족할 수 없습니다. 절대로 만족할 수 없습니다. 정의가 강물처럼 흐르고, 공정함이 힘차고 도도한 물결이 될 때까지 우리는 결코 만족할 수 없습니다. (중략)

나의 친구인 여러분들께 말씀드립니다. 오늘과 내일의 어려움을 마주하고 있을지라도 나에게는 여전히 꿈이 있습니다. 이 꿈은 아메리칸 드림에 깊이 뿌리를 내리고 있는 꿈입니다.

나에게는 꿈이 있습니다. 언젠가 이 나라가 모든 인간은 평등하게 태어났다는 것을 자명한 진실로 받아들이고, 그 진정한 의미를 *신조로 살아가게 되는 날이 오리라는 꿈입니다. 언젠가는 조지아의 붉은 언덕 위에 예전에 노예였던 부모의 자식과 그 노예의 주인이었던 부모의 자식들이 형제애의 식탁에 함께 둘러앉는 날이 오리라는 꿈입니다. 언젠가는 불의와 억압의 열기에 신음하던 저 황폐한 미시시피 주가 자유와 평등의 오아시스가 될 것이라는 꿈입니다. 나의 네 자녀들이 피부색이 아니라 인격에 따라 평가받는 그런 나라에 살게 되는 날이 오리라는 꿈입니다.

오늘 나에게는 꿈이 있습니다. 주지사가 늘 연방 정부의 *조처에 반대할 수 있다느니, 연방법의 실시를 거부한다느니 하는 말만 하는 앨라배마 주가 변하여, 흑인 소년 소녀들이 백인 소년 소녀들과 손을 잡고 형제자매처럼 함께 걸어갈 수 있는 상황이 되는 꿈입니다.

오늘 나에게는 꿈이 있습니다. 어느 날 모든 계곡이 높이 솟아오르고, 모든 언덕과 산은 낮아지고, 거친 곳은 평평해지고, 굽은 곳은 곧게 펴지고, 하나님의 영광이 나타나 모든 사람이 함께 그 광경을 지켜보는 꿈입니다.

이것이 우리의 희망입니다. 이것이 내가 남부로 돌아갈 때 가지고 가는 신념입니다. 이런 신념을 가지고 있으면 우리는 ㉠절망의 산을 개척하여 희망의 돌을 찾아낼 수 있을 것입니다. 이런 희망을 가지고 있으면 우리는 이 나라의 이 ㉡소란스러운 불협화음을 형제애로 가득 찬 아름다운 교향곡으로 변화시킬 수 있을 것입니다. 이런 신념이 있으면 우리는 함께 일하고 함께 기도하며 함께 투쟁하고 함께 감옥에 가며 함께 자유를 위해 싸울 수 있을 것입니다. 우리가 언젠가 자유로워지리라는 것을 알기 때문입니다.

* 신조: 굳게 믿어 지키고 있는 생각.
* 조처: 문제가 된 상황이나 일을 잘 처리함. 또는 그러한 방식.

1

내용 이해

이 글의 특징으로 알맞지 <u>않은</u> 것은 무엇인가요? (　　　)

① 듣는 사람을 설득하기 위한 글이다.

② 듣는 사람의 관심을 끄는 말을 쓴다.

③ 주장하려고 하는 내용을 숨기고 있다.

④ '여러분'에게 말하는 글이므로, 높임말을 썼다.

⑤ 듣는 사람이 이해하기 쉽게 강조하고 싶은 문장을 여러 번 반복했다.

2

짜임

이 글에서 근거를 제시한 방법을 알맞게 말한 친구는 누구인지 쓰세요.

> 태희: 자신이 가진 꿈을 하나씩 자세히 풀어서 설명하고 있어.
>
> 정민: 앨라배마 주지사와 나눈 대화를 인용해 자신의 꿈을 설명하고 있어.
>
> 무영: 미시시피와 앨라배마의 차이점을 제시하며 자신의 꿈을 설명하고 있어.

(　　　　　　　)

3

내용 이해

이 글에서 알 수 있는 흑인의 상황으로 알맞지 <u>않은</u> 것은 무엇인가요? (　　　)

① 경찰의 폭력에 희생되는 경우가 많았다.

② 투표권을 행사하지 못하는 경우가 있었다.

③ 피부색이 아니라 인격에 따라 평가받을 수 있었다.

④ 여행하다 피곤해도 자신이 원하는 곳에 묵을 수 없었다.

⑤ 아무 곳이나 살고 싶은 곳에 자유롭게 이주할 수 없었다.

4

어휘·표현

㉠, ㉡과 짝을 이루는 표현은 무엇인지 빈칸에 알맞은 말을 글에서 찾아 쓰세요.

| ㉠ 절망의 산 | → 희망 → | (1) |
| ㉡ 소란스러운 불협화음 | → 희망 → | (2) |

5

주제

자유와 평등에 관한 글쓴이의 관점이 <u>아닌</u> 것은 무엇인가요? (   )

① 모든 인간은 평등하게 태어났다.

② 흑인과 백인 소년 소녀들이 함께 살아가야 한다.

③ 노예였던 부모와 노예의 주인이었던 부모는 평등할 수 없다.

④ 피부색으로 인한 차별이 모두 없어진 세상이 공정한 세상이다.

⑤ 세상이 바뀔 것이라는 희망을 가진다면 인종 차별을 없앨 수 있다.

6

주제

이 글에서 말하는 '꿈'으로 알맞은 것에 ○표 하세요.

(1) 연방 정부의 조처에 반대하는 일   (   )

(2) 흑인들이 투표권의 중요성을 아는 일   (   )

(3) 흑인과 백인이 평등한 사회에서 함께 살아가는 일   (   )

7

적용·창의

이 글과 같은 입장으로 다음 사건에 대해 보일 수 있는 반응에 ○표 하세요.

> 지난 2020년 6월, 미네소타 주 미니애폴리스에서 비무장 상태의 흑인 남성인 조지 플로이드가 백인 경찰의 무리한 체포 과정에서 목숨을 잃었다. 플로이드는 "숨을 못 쉬겠다."고 호소했지만 이를 무시한 경찰의 무릎에 눌려 결국 목숨을 잃었다. 당시 상황을 촬영한 영상이 공개되면서 흑인을 중심으로 사람들의 분노가 퍼지게 되었다.

(1) 흑인 경찰과 백인 경찰은 차별 없이 비무장 상태를 유지해야 한다.   (   )

(2) 흑인들의 상황은 여전하지만 희망을 버리지 않고 흑인의 자유와 평등을 위해 함께 싸워야 한다.   (   )

어휘력 강화

낱말의 뜻

1 다음과 같은 뜻을 가진 낱말을 ○보기○에서 찾아 쓰세요.

○ 보기 ○	불의	신조	억압	조처

(1) (   ): 굳게 믿어 지키고 있는 생각.

(2) (   ): 의리, 도의, 정의 등에 어긋남.

(3) (   ): 문제가 된 상황이나 일을 잘 처리함. 또는 그러한 방식.

(4) (   ): 자기의 뜻대로 자유로이 행동하지 못하도록 억지로 억누름.

다의어

2 다음 밑줄 친 낱말이 어떤 뜻으로 쓰였는지 ○보기○에서 찾아 기호를 쓰세요.

○ 보기 ○	㉮ 일을 하는 사람.
	㉯ 손끝의 다섯 개로 갈라진 부분.
	㉰ 어떤 사람의 영향력이나 권한이 미치는 범위.

(1) 지금은 손이 모자라서 많은 일은 받기 어렵다. (   )

(2) 사령관은 경찰 조직을 한 손에 쥐고 지휘하였다. (   )

(3) 채은이는 가냘픈 손에 끼워진 꽃반지를 쳐다보았다. (   )

속담

3 다음 밑줄 친 내용에 어울리는 속담에 ○표 하세요.

> 이런 신념이 있으면 우리는 함께 일하고 함께 기도하며 함께 투쟁하고 함께 감옥에 가며 함께 자유를 위해 싸울 수 있을 것입니다. 우리가 언젠가 자유로워지리라는 것을 알기 때문입니다.

(1) 산 넘어 산이다 (   )   (2) 도둑이 제 발 저리다 (   )

(3) 백지장도 맞들면 낫다 (   )   (4) 소 잃고 외양간 고친다 (   )

가 봄봄

김유정

● 지문의 난이도
상 중 하

● 문제의 난이도
상 중 하

점순이는 뭐 그리 썩 예쁜 계집애는 못된다. 그렇다구 또 개떡이냐 하면 그런 것도 아니고 꼭 내 아내가 돼야 할 만치 그저 *툽툽하게 생긴 얼굴이다. 나보다 십 년이 아래니까 올해 열여섯인데 몸은 남보다 두 살이나 덜 자랐다. 남은 잘도 훨 칠히들 크건만 이건 위아래가 뭉툭한 것이 내 눈에는 ㉠헐없이 감참외 같다. 참외 중에는 감참외가 제일 맛 좋고 예쁘니까 말이다. 둥글고 커단 눈은 서글서글하니 좋고 좀 지쳐 찢어졌지만 입은 밥술이나 톡톡히 먹음직하니 좋다. 아따, 밥만 많 이 먹게 되면 팔자는 고만 아니냐. 헌데 한 가지 *파가 있다면 가끔 가다 몸이(장 인님이 이걸 ㉡채신이 없이 *들까분다고 하지만) 너무 빨리빨리 논다. 그래서 밥 을 나르다가 때 없이 풀밭에서 ㉢깨빡을 쳐서 흙투성이 밥을 곧잘 먹인다. 안 먹 으면 무안해할까 봐서 이걸 씹고 앉았노라면 으적으적 소리만 나고 돌을 먹는 겐 지 밥을 먹는 겐지―.

그러나 이날은 웬일인지 성한 밥 채로 밭머리에 곱게 내려놓았다. 그리고 또 *내 외를 해야 하니까 저만큼 떨어져 이쪽으로 등을 향하고 웅크리고 앉아서 그릇 나 기를 기다린다.

내가 다 먹고 물러섰을 때 그릇을 와서 챙기는데, 그런데 난 깜짝 놀라지 않았느 냐. 고개를 푹 숙이고 밥함지에 그릇을 포개면서 날더러 들으라는지 혹은 제 소린지,

㉮"밤낮 일만 하다 말 텐가!"

하고 혼자서 좋알거린다. 고대 잘 내외하다가 이게 무슨 소린가 하고 난 정신이 얼떨떨했다. 그러면서도 한편 무슨 좋은 수가 있는가 싶어서 나도 공중을 대고 혼 잣말로

"그럼 어떡해?"

하니까

"*성례시켜 달라지 뭘 어떡해―."

하고 ㉰되알지게 쏘아붙이고 얼굴이 빨개져서 산으로 그저 도망질을 친다.

나는 잠시 동안 어떻게 되는 셈판인지 *맥을 몰라서 그 뒷모양만 *덤덤히 바라보 았다.

낱말 뜻

* 툽툽하게: 생김새가 멋이 없고 투박하게.
* 파: 사람의 결점.
* 들까분다고: 몹시 경망하게 행동한다고.
* 내외: 남의 남녀 사이에 서 로 얼굴을 마주 대하지 않 고 피함.
* 성례: 혼인의 예식을 지냄.
* 맥: 사물 따위가 서로 이어 져 있는 관계나 연관.
* 덤덤히: 특별한 감정의 동 요 없이 그저 예사롭게.

나 별

알퐁소 도데

아가씨는 한 손으로 턱을 괴고, 마치 귀여운 하늘의 *목동처럼 양의 털가죽에 싸여서 하늘을 쳐다보고 있었습니다.

"어쩌면 저렇게 많을까요. 어쩌면 저렇게도 예쁠까! 이렇게 많은 별을 나는 본 일이 없어요. 당신은 저 별들의 이름을 다 알고 있어요?"

"알고 말고요, 아가씨. 자, 이것 보셔요! 우리들 바로 위에 있는 것은 '성 야고보의 길'(은하수)입니다. 저것은 프랑스에서 곧장 에스파니아까지 간답니다. 샤를마뉴 대왕이 *사라센과 싸울 때 갈리스의 성 야고보가 주신 것입니다. 그리고 좀 더 멀리 있는 것은 반짝반짝 빛나고 있는 네 개의 차바퀴를 가진 '영혼의 수레'(큰곰자리)입니다. (중략) 그런데 아가씨, 여러 별들 가운데 제일 아름다운 별은 우리들의 별인, 우리들 목동들이 양 떼를 몰고 나가는 새벽녘이나, 다시 데리고 돌아오는 저녁때에 우리들을 비추어 주는 '목동의 별'이랍니다. 우리들은 이 별을 *마글론'이라고도 부르고 있습니다. 이 아름다운 마글론은 '피에르 드 프로방스'(토성)의 뒤를 쫓고, 그리고 칠 년째마다 피에르와 결혼을 한답니다."

㉯"어머나, 그럼 별도 결혼이라는 게 있어요?"

"그렇답니다, 아가씨."

그리고 내가 별의 결혼이 어떤 것인가 설명해 주려고 했을 때, 나는 무엇인가 상쾌하고 부드러운 것이 나의 어깨에 가벼이 걸리는 것을 느꼈습니다. 그것은 리본과 레이스와 물결치는 머리카락을 곱게 누르면서 나에게 기대어 온 아가씨의 잠든 무거운 머리였습니다.

아가씨는 하늘의 별들이 햇빛으로 희미하게 사라질 때까지 움직이지 않고 있었습니다. 나는 가슴을 약간 두근거리면서, 그러나 여러 가지 아름다운 추억만을 나에게 안겨 준, 이 ㉺청명한 밤의 *신성한 보호를 받으며 아가씨의 잠든 얼굴을 들여다보고 있었습니다. 그리고 가끔 나는 별들 가운데서 가장 아름답고 가장 빛나는 한 별이 길을 잃고 나의 어깨에 기대어 잠들어 있는 것이라고 상상하고 있었습니다.

▲ 큰곰자리

낱말 뜻

*목동: 풀을 뜯기며 가축을 기르는 아이.

*사라센: 십자군 시대에, 유럽인이 이슬람교도를 부르던 말.

*마글론: '직녀성'이라고 불리는 거문고자리에서 가장 밝은 별.

*신성한: 함부로 가까이할 수 없을 만큼 고결하고 거룩한.

1

내용 이해

글 **가**와 **나**의 공통된 특징으로 알맞은 것은 무엇인가요? (   )

① 주인공이 자신의 이야기를 한다.

② 사건이 벌어지는 장소는 도시이다.

③ 사건이 일어나는 때는 한밤중이다.

④ 사람 대신 사물이 등장하여 사건을 이끌어 간다.

⑤ 이야기 속 인물들이 주고받는 말을 통해서만 사건을 전개한다.

2

어휘·표현

다음은 **가**와 **나** 중에서 어떤 글에 대한 설명인지 기호를 쓰세요.

> 농촌 생활의 느낌이 나는 말이나 사투리를 사용해서 향토적이고 정겨운 느낌을 주고 있다.

(   )

3

내용 이해

글 **가**에 나오는 인물에 대한 설명으로 알맞지 <u>않은</u> 것은 무엇인가요? (   )

① 점순이는 '나'와 결혼하고 싶어 한다.

② 점순이는 '나'보다 적극적인 성격을 가지고 있다.

③ '나'는 점순이를 아내감으로 마음에 들어 하고 있다.

④ '나'와 점순이는 서로 마음을 터놓고 지내는 사이다.

⑤ 점순이는 '나'의 미지근한 태도를 못마땅하게 여기고 있다.

4

추론

㉮, ㉯를 실감 나게 읽는 방법으로 알맞은 것은 무엇인가요? (   )

	㉮	㉯
①	들릴 듯 말 듯한 목소리로	떨리는 목소리로
②	힘없고 슬픈 목소리로	안타까운 목소리로
③	밝고 신나는 목소리로	크고 신나는 목소리로
④	화가 난 듯한 큰 소리로	낮고 힘없는 목소리로
⑤	강하고 불만스러운 목소리로	신기하고 궁금해하는 목소리로

5 ⊙~⑩의 뜻으로 알맞지 <u>않은</u> 것은 무엇인가요? (　　　)

어휘·표현

① ㉠ 헐없이: 조금도 틀림이 없이.

② ㉡ 채신이 없이: 말이나 행동이 경솔하여 위엄이나 신망이 없이.

③ ㉢ 깨빡을 쳐서: 세게 집어던져서.

④ ㉣ 되알지게: 몹시 야무지게.

⑤ ⑩ 청명한: 명령을 주의 깊게 들은.

6 글 **나**를 읽고 생각이나 느낌을 알맞게 말하지 <u>못한</u> 친구는 누구인지 쓰세요.

감상

> 세정: 목동과 아가씨가 함께 별을 보는 장면이 눈앞에 그려져서 한 폭의 그림을 보는
> 　　　것 같아.
>
> 민서: 목동이 아가씨를 별에 비유해서 자신의 어깨에 잠들어 있다고 한 부분이 인상
> 　　　깊었어. 목동이 아가씨를 사랑하는 마음이 느껴졌거든.
>
> 채은: 목동이 별에 대해 열심히 설명하고 있는데 아가씨가 잠들어 버린 모습이 기억에
> 　　　남아. 아가씨의 매정함 때문에 목동은 상처를 받았을 거야.

(　　　　　　　　　)

7 글 **나**와 다음 시에서 '별'의 의미를 알맞게 비교하지 <u>못한</u> 것에 ×표 하세요.

적용·창의

> 　어머님, 나는 별 하나에 아름다운 말 한 마디씩 불러 봅니다. 소학교 때 책상을 같
> 이했던 아이들의 이름과 패, 경, 옥, 이런 이국 소녀들의 이름과, 벌써 아기 어머니 된
> 계집애들의 이름과 가난한 이웃 사람들의 이름과, 비둘기, 강아지, 토끼, 노새, 노루,
> '프랑시스 잼', '라이너 마리아 릴케', 이런 시인의 이름을 불러 봅니다.
>
> 　　　　　　　　　　　　　　　　　　　　　윤동주, 「별 헤는 밤」 중에서

(1) 글 **나**의 '별'과 주어진 시의 '별'은 모두 소중한 대상을 상징한다.　　　　　(　　　)

(2) 글 **나**의 '별'은 과거를 반성하게 하지만, 주어진 시의 '별'은 과거를 추억하게 한다.

(　　　)

(3) 글 **나**의 '별'은 아가씨에 대한 목동의 사랑을 의미하고, 주어진 시의 '별'은 멀리 있는 것
들에 대한 시인의 그리움을 의미한다.　　　　　　　　　　　　　　　　(　　　)

한 주 동안 배운 낱말을 떠올리며 다음 문제를 풀어 보세요.

❶	❷				❸
			❹		
	❺				
				❼	❽
❻					

가로 →

❶ 유통 수단이나 지불 수단으로서 기능하는 화폐.

❹ 몸 밖에서 들어온 병균을 이겨 내는 힘.

❺ 어떤 병에 걸린 환자 중에서 그 병으로 죽는 환자의 비율.

❻ 권력으로 언론·경제 활동 따위에 제한을 가하다.

❼ 풀을 뜯기며 가축을 기르는 아이.

세로 ↓

❷ 동전, 지폐, 은행권 등을 가리키는 말.

❸ 법률이나 규칙 따위의 작용.
　예 중앙은행의 디지털 화폐는 법으로 정한 ○○이 있다.

❺ 병이나 상처 따위를 잘 다스려 낫게 하기 위하여 쓰는 약.

❽ 늘 친하게 어울리는 사람.

정답 및 해설 16쪽에서 확인하세요.

다음 빈칸에 들어갈 모양은 무엇일까요?
같은 종류의 모양을 체크해 보세요. 그리고 그 모양이 어떻게 바뀌는지 살펴보
면 다음에 어떤 모양이 들어갈지 추측할 수 있어요.

정답 및 해설 16쪽에서 확인하세요.

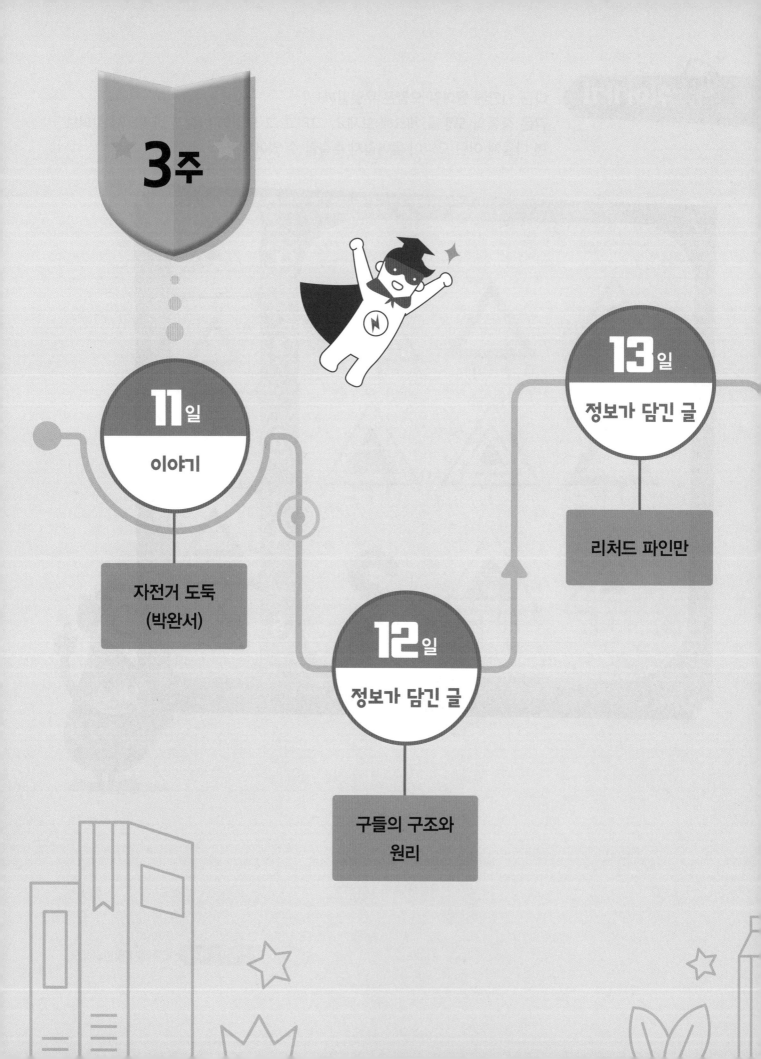

3주

11일
이야기

자전거 도둑
(박완서)

12일
정보가 담긴 글

구들의 구조와
원리

13일
정보가 담긴 글

리처드 파인만

15일

최상위 독해

• 서희의 협상
• 중립 외교를 선택한 광해군

14일

의견이 담긴 글

반려동물 문화를
개선하자

자전거 도둑

박완서

<앞 이야기>

　　수남이는 청계천 세운 상가 뒷길의 전기용품 도매상에서 일하는 점원이다. 부지런한 수남이는 주인 영감과 단골손님들에게도 인정받고 있다. 바람이 몹시 불던 날 수남이는 배달을 하러 나간다. 그런데 수남이가 세워 놓았던 자전거가 바람에 넘어져 한 신사의 자동차에 흠집을 내게 된다.

　　"인마, 네놈의 자전거가 쓰러지면서 내 차를 들이받았단 말야. 이런 고급 차를 말야. 이런 미련한 놈, 왜 눈은 째려, 째리긴. 그러니 내 차에 흠이 안 나고 배겼겠냐. 내 차는 인마, 여자들 손톱만 살짝 닿아도 *생채기가 나는 고급차야 인마, 알간?"

　　그러고는 거울처럼 티 하나 없이 번들대는 차체를 면면히 훑어보더니 "그러면 그렇지." 하고 환성을 질렀다. 아마 생채기를 찾아낸 모양이다.

　　㉠"일은 컸다. 인마, 칠만 살짝 긁혔어도 또 모르겠는데 여봐라, 여기가 이렇게 우그러지기까지 했으니 일은 컸다, 컸어." (중략)

　　수남이는 바보가 돼 버린 아이처럼 조용히 멍청히 서 있었다. 누군가가 나직이 속삭였다.

　　"토껴라 토껴. 그까짓 것 갖고 토껴라." / 그것은 악마의 속삭임처럼 은밀하고 감미로웠다. 수남이의 가슴은 크게 뛰었다. 이번에는 좀 더 점잖고 어른스러운 소리가 나섰다.

　　"그래라, 그래. 그까짓 거 들고 도망가렴. 뒷일은 우리가 감당할게."

　　그러자 모든 구경꾼이 수남이의 편이 되어 와글와글 외쳐 댔다.

　　"도망가라, 어서어서 자전거를 번쩍 들고 도망가라, 도망가라."

　　수남이는 자기편이 되어 준 이 많은 사람을 도저히 배반할 수 없었다. 이상한 용기가 솟았다. 수남이는 자전거를 마치 *검부러기처럼 가볍게 옆구리에 끼고 질풍같이 달렸다.

　　정말이지 조금도 안 무거웠다. 타고 달릴 때보다 더 신나게 달렸다. ㉡달리면서 마치 오래 참았던 오줌을 시원스레 내깔기는 듯한 쾌감까지 느꼈다. / 주인 영감님은 자전거를 옆에 끼고 질풍처럼 달려온 놈을 눈을 휘둥그렇게 뜨고 바라볼 뿐이었다. (중략)

　　"인마, 말을 해. 무슨 일이야? 네놈 꼴이 영락없이 도둑놈 꼴이다, 인마."

　　도둑놈 꼴이라는 소리가 수남이의 가슴에 가시처럼 걸린다. 수남이는 겨우 숨을 가라앉히고 *자초지종을 주인 영감님께 고해바친다. 다 듣고 난 주인 영감님은 무엇이 그리 좋은지 무릎을 치면서 통쾌해한다.

"잘 했다, 잘 했어. 맨날 촌놈인 줄만 알았더니 제법인데, 제법이야."

그러고는 가게에서 쓰는 드라이버니 펜치를 가지고 자전거에 채운 자물쇠를 분해하기 시작한다. 엎드려서 그 짓을 하고 있는 주인 영감님이 수남이의 눈에 흡사 도둑놈 두목 같아 보여 속으로 정이 떨어진다. ⓒ주인 영감님 얼굴이 누런 똥빛인 것조차 지금 깨달은 것 같아 속이 메스껍다.

* 생채기: 손톱 따위로 할퀴거나 긁히어서 생긴 작은 상처.
* 검부러기: 가느다란 마른 나뭇가지, 마른 풀, 낙엽 따위의 부스러기.
* 자초지종: 처음부터 끝까지의 과정.

1
내용 이해

이 글에 드러난 갈등으로 알맞은 것에 ○표 하세요.

(1) 수남이가 도망간 일 때문에 신사와 구경꾼들이 갈등을 일으키고 있다.   (   )

(2) 자물쇠를 분해한 일 때문에 수남이와 주인 영감님이 갈등을 일으키고 있다.   (   )

(3) 자전거가 자동차에 낸 흠집 때문에 수남이와 신사가 갈등을 일으키고 있다.   (   )

2
짜임

이 글의 내용으로 보아, 다음은 이야기의 짜임 중 어느 부분에 해당하겠는지 쓰세요.

> 소년은 아버지가 그리웠다. 도덕적으로 자기를 견제해 줄 어른이 그리웠다. 주인 영감님은 자기가 한 짓을 나무라기는커녕 손해 안 난 것만 좋아서 "오늘 운 텄다."고 좋아하지 않았던가.
>
> 수남이는 짐을 꾸렸다. 아아, 내일도 바람이 불었으면. 바람이 물결치는 보리밭을 보았으면. / 마침내 결심을 굳힌 수남이의 얼굴은 누런 똥빛이 말끔히 가시고, 소년다운 청순함으로 빛났다.

(   )

3
어휘·표현

㉠에 나타난 신사의 태도와 어울리는 사자성어로 알맞은 것의 기호를 쓰세요.

㉮ 감언이설(甘言利說)   ㉯ 노발대발(怒發大發)

㉰ 동문서답(東問西答)   ㉱ 반신반의(半信半疑)

(   )

4

추론

이 글에 나타난 구경꾼들의 성격으로 알맞은 것은 무엇인가요? (   )

① 용감하고 정의롭다.　　　　　　② 지혜롭고 성실하다.

③ 점잖고 인정이 많다.　　　　　　④ 거짓이 없고 정직하다.

⑤ 무책임하고 이기적이다.

5

추론

수남이가 ⓒ과 같이 느낀 까닭은 무엇인가요? (   )

① 걱정에서 벗어났다고 생각해서

② 신사에게 용서받았다고 생각해서

③ 떳떳하고 도덕적인 일을 했다고 느껴서

④ 구경꾼들의 응원에 보답할 수 있는 일이라서

⑤ 주인 영감님에게 칭찬받을 수 있는 일이라서

6

주제

글쓴이가 이 글을 통해 비판하고 있는 삶의 모습은 무엇일지 ◦보기◦의 낱말을 넣어 쓰세요.

◦ 보기 ◦	양심　　　　　이익

7

적용·창의

다음은 수남이가 처음 전기용품 도매상에서 일할 때 생각한 것입니다. 이 부분을 참고하여 ⓒ을 알맞게 감상하지 <u>못한</u> 것에 ×표 하세요.

> 그래서 수남이는 "내년 봄에 시험 봐서 들어가야 해. 야학이라도 일류로……." 할 때의 주인 영감님이 그렇게 좋을 수가 없다. 그 소리를 듣기 위해서라면 그까짓 알밤쯤 하루 골백번을 맞으면 대수랴 싶다. 그런 소리를 자기를 위해 해 주는 주인 영감님을 위해서라면 뼛골이 부러지게 일을 한들 눈곱만큼도 억울할 것이 없을 것 같다.

(1) 수남이는 자신을 칭찬해 주는 주인 영감님을 더 존경하게 되었을 것이다.　　　（　　　）

(2) 수남이는 좋아했던 주인 영감의 비양심적인 모습을 보고 불쾌했을 것이다.　　　（　　　）

(3) 주인 영감이 부도덕한 사람이라는 것을 깨닫게 되어 고마운 마음이 사라졌을 것이다.

（　　　）

어휘력 강화

낱말의 뜻

1 다음과 같은 뜻을 가진 낱말을 ○보기○에서 찾아 쓰세요.

○ **보기** ○   쾌감   생채기   자초지종   검부러기

(1) (   ): 처음부터 끝까지의 과정.

(2) (   ): 상쾌하고 즐거운 느낌.

(3) (   ): 손톱 따위로 할퀴이거나 긁히어서 생긴 작은 상처.

(4) (   ): 가느다란 마른 나뭇가지, 마른 풀, 낙엽 따위의 부스러기.

비슷한말

2 다음 밑줄 친 낱말과 뜻이 비슷한 낱말을 ○보기○에서 찾아 쓰세요.

○ **보기** ○   도피하다   배신하다   해체하다

(1) 무신들은 정권을 잡기 위해 나라를 <u>배반했다</u>.   (   )

(2) 무기상들은 총이나 탱크를 <u>분해하여</u> 팔기도 했다.   (   )

(3) 도둑이 경찰에 잡히지 않으려고 빠르게 <u>도망갔다</u>.   (   )

속담

3 다음 글에서 소년이 떠올렸을 속담으로 적절한 것에 ○표 하세요.

> 소년은 아버지가 그리웠다. 도덕적으로 자기를 견제해 줄 어른이 그리웠다. 주인 영감님은 자기가 한 짓을 나무라기는커녕 손해 안 난 것만 좋아서 "오늘은 운 텄다." 고 좋아하지 않았던가.

(1) 바늘 도둑이 소도둑 된다고 했어. 정신 차려야지!   (   )

(2) 모난 돌이 정 맞는다고 했어. 주인 영감님께 사과드려야지!   (   )

추운 겨울, 우리는 따뜻한 방바닥에 앉거나 누워 텔레비전을 보거나 책을 읽고, 이불을 덮고 둘러앉아 귤을 까 먹는다. 이 모든 것이 구들이 있어 가능한 일이다.

구들은 고래를 만들고 구들장을 덮어 흙을 발라서 방바닥을 만들고 불을 때어 난방을 하는 구조물을 뜻한다. '구운 돌'에서 유래한 말로 *추정되는 '구들'은 한자어로 '온돌(溫突)'이라고 불렀다.

우리 민족은 아주 오래전부터 구들을 사용해 왔다. 언제부터 구들이 사용되었는지는 아직 확실히 밝혀지지 않았지만 여러 유적들에서 구들의 흔적이 발견되고 있다. 고구려의 안악 3호분 고분 벽화에서는 구들을 이용한 부엌의 모습을 볼 수 있다. 구들의 과학적 기술은 고려를 거쳐 조선에 들어오면서 더욱 발전하며 백성들 사이에 퍼져 나갔다.

『구들의 구조는 아궁이, 부넘기, 고래, 구들장, 개자리, 굴뚝 등으로 이루어져 있다. 아궁이에 불을 지피면 아궁이에서 생긴 열기는 고래에 들어서면서 고갯마루인 부넘기에 부딪힌다. 부넘기는 아궁이와 고래 사이에 있는 일종의 턱으로, 고래로 연기가 잘 **빨려 들게 하고 재를 가라앉히는 기능을 한다. 부넘기에 부딪쳐 좁은 길 사이로 넘어선 연기는 고래라고 불리는 긴 통로를 지나게 된다. 열기를 품은 연기가 고래를 지나면서 고래를 덮은 구들장을 뜨겁게 데운다. 고래를 지나간 연기는 깊이 파 놓은 고랑인 개자리와 만나게 된다. 개자리는 불기운을 빨아들이고 연기를 머무르게 하는 역할을 한다. 개자리를 지난 연기는 *연도를 거쳐 굴뚝으로 **빠져나간다.』

구들이 방 전체를 데우는 데는 여러 가지 과학적 원리가 숨어 있다. 아궁이에 불을 때면 방바닥에 깔린 돌인 구들장까지 열이 이동되는데, 이때 열의 전도 현상이 일어난다. 그리고 뜨거워진 구들장에서 나온 열은 사방으로 퍼져 나가는데 이는 열의 복사 현상이 일어난 결과이다. 또한 방바닥에서 따뜻하게 데워진 공기는 방 위쪽으로 ⓛ올라가고 방 위쪽에 있던 차가운 공기는 아래쪽으로 ⓒ내려오는데, 이때 열의 대류 현상을 확인할 수 있다. 이와 같은 과학적 원리들이 복합적으로 작용하면서 방 전체에 열기가 골고루 전해지며 오랫동안 따뜻함을 유지할 수 있는 것이다.

과학적으로 만들어진 구들은 현재까지 사용하고 있다. 구들의 원리는 아궁이 대신 보일러를 들이고 보일러에서 데워진 물이 방바닥 전체를 돌며 데우는 온수 난방 방식으로 변화했다. 수천 년을 이어 온 우리 조상의 지혜가 오늘날 우리의 일상생활 속에서 여전히 숨 쉬고 있는 것이다.

* 추정되는: 미루어 생각하여 판정되는.
* 연도: 연기가 빠져나가는 통로. 난로 따위에서 연기가 빠져나가도록 굴뚝에 연결된 부분을 이름.

1
주제

이 글의 중심 글감으로 알맞은 것은 무엇인가요? (   )

① 난방   ② 구들   ③ 구들장

④ 보일러   ⑤ 아궁이

2
내용 이해

이 글의 내용과 일치하지 <u>않는</u> 것은 무엇인가요? (   )

① 구들은 한자어로 온돌이라고 한다.

② 고구려 사람들은 구들을 이용하였다.

③ 개자리는 연기를 머무르게 하는 고랑이다.

④ 부넘기는 연기가 고래에서 잘 나가게 한다.

⑤ 구들이 방 전체를 데울 때 열의 전도, 복사, 대류 현상이 일어난다.

3
내용 이해

다음 그림의 ㉮와 ㉯에 알맞은 이름을 이 글에서 찾아 쓰세요.

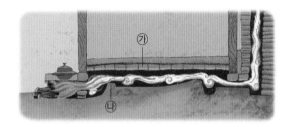

(1) ㉮: (   )
(2) ㉯: (   )

4
짜임

『 』부분과 같은 방법으로 설명할 수 있는 대상의 기호를 쓰세요.

㉮ 자동차의 구조   ㉯ 인공 지능의 뜻

㉰ 뮤지컬과 오페라   ㉱ 우리나라 야생 식물의 종류

(   )

5 **어휘·표현** 열의 여러 가지 현상을 나타낸 말을 ○보기○에서 찾아 쓰세요.

○ 보기 ○   대류   복사   전도

(1) 열이 이동되는 현상: (   )

(2) 열이 사방으로 퍼지는 현상: (   )

(3) 따뜻한 공기는 위로 올라가고 차가운 공기는 아래로 내려가는 현상: (   )

6 **비판** 이 글의 신뢰성을 높이는 방법을 알맞게 말한 친구는 누구인지 쓰세요.

유현: 구들의 어원과 관련된 전문가의 의견을 제시하면 좋겠어.

세미: 구들과 연관된 과학적 원리를 자세히 설명해 주면 좋겠어.

정아: 구들을 만드는 데 드는 비용을 구체적으로 알려 주면 좋겠어.

(   )

7 **적용·창의** 다음을 참고하여 구들과 벽난로에 대하여 알맞게 이해한 것에 ○표 하세요.

서양의 대표적 난방 기구인 벽난로는 방 안에서 불을 지펴 공기를 데우는 방법으로 온기를 얻기 때문에 난로와의 거리에 따라 온도 차이가 크고 바닥까지 따뜻해지지 않는다. 또, 연기가 굴뚝으로 바로 빠져나간다.

(1) 구들도 벽난로와 같이 불을 지피므로 연기가 굴뚝으로 바로 빠져나갈 것이다. (   )

(2) 거리에 따라 온도 차이가 큰 벽난로처럼 구들도 아궁이와 가까운 쪽만 따뜻할 것이다.

(   )

(3) 불이 꺼지면 실내가 금방 추워지는 벽난로와 달리 구들은 구들장에 저장된 열이 천천히 퍼져 나가면서 꽤 오랫동안 따뜻할 것이다. (   )

어휘력 강화

낱말의 뜻

1 다음과 같은 뜻을 가진 낱말을 ○보기○에서 찾아 쓰세요.

○보기○	난방	고랑	추정	연도

(1) (   ): 연기가 빠져나가는 통로.

(2) (   ): 미루어 생각하여 판정함.

(3) (   ): 실내의 온도를 높여 따뜻하게 하는 일.

(4) (   ): 두둑한 땅과 땅 사이에 길고 좁게 들어간 곳.

비슷한말

2 다음 밑줄 친 낱말과 바꾸어 쓸 수 있는 낱말에 ○표 하세요.

(1) 열차가 선로를 지나고 있다.   (투과하고, 통과하고)

(2) 캠핑을 가서 장작에 불을 땠다.   (지폈다, 지웠다)

(3) 저녁을 먹으려고 찌개를 데웠다.   (치열했다, 가열했다)

사자성어

3 다음 내용과 관련 있는 사자성어에 ○표 하세요.

> 과학적으로 만들어진 구들은 현재까지 사용하고 있다. 구들의 원리는 아궁이 대신 보일러를 들이고 보일러에서 데워진 물이 방바닥 전체를 돌며 데우는 온수 난방 방식으로 변화했다.

(1) 온고지신(溫故知新) → 옛것을 익히고 그것을 미루어서 새것을 앎.   (   )

(2) 괄목상대(刮目相對) → 눈을 비비고 상대편을 본다는 뜻으로, 남의 학식이나 재주가 놀랄 만큼 부쩍 늚을 이르는 말.   (   )

1 어느 날, 파인만은 보안 책임자의 방에 불려 갔다. 보안 책임자는 파인만에게 한 통의 편지를 ⊙내밀었다.

"파인만 박사님, 아내분이 편지를 보내셨네요. 그런데 이게 무슨 뜻입니까?"

"글쎄요. 암호 같은데요? 제게만 알려 줄 내용이 있나 보죠." / "흐음……."

보안 책임자는 엄한 표정으로 조심하라고 얘기하고는 편지를 돌려주었다.

파인만은 가족과 멀리 떨어진 로스앨러모스라는 시골 마을에 세워진 연구소에서 핵무기 개발 연구에 참여하고 있었다. 제2차 세계 대전을 끝내기 위해 독일에 맞서 연합국을 대표하는 과학자들이 이곳에 모여 핵무기를 개발하는 맨해튼 프로젝트를 진행하고 있었다. 프로젝트가 *극비리에 이루어졌기 때문에 가족들을 만나는 일도 쉽지 않았고 가족과 주고받는 편지도 *검열을 거쳤다. 그래서 파인만과 부인이 생각해 낸 방법이 암호 편지였던 것이다. 파인만은 제2차 세계 대전이 끝나자 코넬 대학교의 교수가 되어 물리학 연구에 몰두했다.

2 1948년에 파인만은 일반인이나 물리학에 ⓒ입문하는 사람들이 쉽게 배울 수 있도록 '파인만 다이어그램'을 *고안했다. 복잡한 수식 대신 직관적으로 표현한 이 '파인만 다이어그램'은 파인만의 독창적인 아이디어가 돋보인 것으로, 물리학계에서 혁명적인 사건이 되었다. 파인만은 1950년에 캘리포니아 공과 대학의 교수가 되어 학생들에게 물리학을 가르쳤다. 그의 강의가 쉽고 재미있다는 소문이 퍼지자 대학생들뿐 아니라 대학원생, 파인만의 강의를 배우려는 교수들까지 강의실을 가득 ⓒ채웠다. 파인만은 어려운 물리학 이론을 학생들에게 쉽고 재미있게 가르쳤고, 강의의 인기는 날로 ②높아졌다.

3 1965년에 강의와 연구를 계속하던 파인만은 한 통의 전화를 받았다.

"파인만 박사님, 올해 노벨상 공동 수상자가 되셨습니다. 다음 달에 스톡홀름에서 뵙겠습니다."

"네? 제가요? 그런데 상을 받으려면 꼭 스웨덴으로 가야 하나요?"

"그럼요. 시상식 후에는 수상자들을 위한 파티에도 참석하셔야죠."

전화를 끊은 파인만은 노벨상을 받지 않기로 마음먹었다. 스웨덴에서 치러야 할 일정과 파티에 참석할 생각을 하니 머리가 아팠기 때문이었다. 그러나 파인만은 한 친구의 조언에 마음을 바꾸어 결국 노벨상을 받았다. 그 친구가 노벨상을 받지 않으면 오히려 언론의 지나친 관심을 받게 되어 귀찮은 일이 많이 생길 것이라고 ⑩조언했기 때문이었다.

4 이후 파인만은 자신의 강의와 연구 내용을 담은 책을 발간하여 큰 인기를 얻었다. 그리고 1986년에 일어난 우주 왕복선 챌린저호 폭발 사고의 원인이 연료통의 틈새를 막는 'O-링'에 있다는 것을 밝혀내기도 했다. 물리학계에 큰 업적을 남긴 파인만은 암으로 투병하다가 1988년에 ⓗ죽었다.

* 극비리: 다른 사람들에게는 전혀 알려지지 않은 가운데.
* 검열: 언론, 출판, 보도, 연극, 영화, 우편물 따위의 내용을 사전에 심사하여 그 발표를 통제하는 일.
* 고안했다: 연구하여 새로운 안을 생각해 냈다.

1

짜임

이 글에 대한 설명으로 알맞은 것은 무엇인가요? (　　　)

① 인물의 성격 변화를 중심으로 소개하였다.

② 인물의 삶을 시간 순서대로 정리하여 보여 주었다.

③ 인물이 고난을 극복해 나가는 과정을 보여 주었다.

④ 비슷한 분야에서 성공한 두 인물을 비교하여 보여 주었다.

⑤ 인물이 처한 상황을 다른 상황과 비교하여 자세히 소개하였다.

2

내용 이해

파인만이 살았던 시대에 대한 설명으로 알맞은 것은 무엇인가요? (　　　)

① 제2차 세계 대전이 일어나기 전이었다.

② 노벨상을 받은 사람만 대학 교수가 될 수 있었다.

③ 과학자들이 극비리에 무기를 개발하는 데 동원되었다.

④ 미국의 우주 왕복선 챌린저호가 미사일에 격추되었다.

⑤ 세계 각국의 과학자들이 시골 마을에 갇혀 탄압을 받았다.

3

추론

1~**4**문단에 어울리는 자료가 <u>아닌</u> 것에 ×표 하세요.

(1) **1**문단: 파인만과 아내가 주고받은 암호 편지 사진　　　　　　　　(　　　)

(2) **2**문단: 파인만 다이어그램의 예　　　　　　　　　　　　　　　　(　　　)

(3) **3**문단: 파인만이 강의실에서 강의하는 모습이 담긴 사진　　　　　(　　　)

(4) **4**문단: 챌린저호 연료통의 틈새를 막는 O-링의 사진　　　　　　(　　　)

4 **파인만의 가치관을 알맞게 짐작한 것에 ○표 하세요.**

추론

(1) 부인과 암호 편지를 주고받는 것으로 보아 규칙과 규율을 중시한다. (　　　)

(2) 친구의 조언을 듣고 결정한 일을 바꾸는 것으로 보아 우정을 중시한다. (　　　)

(3) 스웨덴에서 치러야 할 일정과 파티에 참석하기 싫어서 노벨상을 받지 않기로 한 것으로 보아 명예에 집착하지 않는다. (　　　)

5 **㉠~㉤과 바꾸어 쓸 수 있는 말로 알맞지 <u>않은</u> 것은 무엇인가요? (　　　)**

어휘·표현

① ㉠: 주었다 　　　　　　　　　② ㉡: 깊이 아는

③ ㉢: 메웠다 　　　　　　　　　④ ㉣: 많아졌다

⑤ ㉤: 도움말했기

6 **㉧을 완곡하게 표현할 수 있는 관용어가 <u>아닌</u> 것에 ×표 하세요.**

어휘·표현

(1) 숨을 거두다 (　　　) 　　　　(2) 숨을 돌리다 (　　　)

(3) 세상을 등지다 (　　　) 　　　(4) 세상을 하직하다 (　　　)

7 **다음을 참고하여 이 글을 비판한 내용으로 알맞지 <u>않은</u> 것은 무엇인가요? (　　　)**

적용·창의

> 　르네상스 시대의 풍자 작가이자 교육자인 라블레는 "양심이 없는 과학은 영혼의 파괴자일 뿐이다."라고 말했다. 현대가 과학 기술 중심 사회인 점을 감안하면 과학의 영향력은 인간의 사고방식과 일상생활에 막대한 영향을 미친다. 따라서 과학자는 인간으로서, 지식인으로서, 사회의 지도층으로서의 윤리적·사회적 책임을 지켜야 한다.

① 전쟁 중에 암호 편지를 주고받은 것은 과학자로서 옳지 못한 행동이다.

② '파인만 다이어그램'을 고안한 것은 과학자로서의 책임을 다한 행동이다.

③ 챌린저호의 폭발 원인을 밝힌 것은 과학자로서의 책임을 다한 행동이다.

④ 많은 사람을 해치는 핵무기의 개발에 참여한 것은 과학자로서 옳지 못한 행동이다.

⑤ 노벨상을 거절하려고 한 것은 지난 노벨상 수장자들을 무시하는 예의 없는 행동이다.

🔎 어휘력 강화

낱말의 뜻

1 다음과 같은 뜻을 가진 낱말을 ◦보기◦에서 찾아 쓰세요.

> ◦ **보기** ◦   고안   수식   틈새   극비리

(1) (   ): 벌어져 난 틈의 사이.

(2) (   ): 연구하여 새로운 안을 생각해 냄.

(3) (   ): 다른 사람들에게는 전혀 알려지지 않은 가운데.

(4) (   ): 수 또는 양을 나타내는 숫자나 문자를 계산 기호로 연결한 식.

동형어

2 다음 밑줄 친 낱말이 ◦보기◦와 같은 뜻으로 쓰인 것에 ◯표 하세요.

> ◦ **보기** ◦   어느 날, 파인만은 보안 책임자의 방에 불려 갔다.

(1) 낙엽이 세찬 바람에 불려 날아갔다.   (   )

(2) 독립운동가들은 종종 경찰서에 불려 가곤 했다.   (   )

(3) 탐관오리들은 백성들의 재물을 빼앗아 재산을 불려 갔다.   (   )

속담

3 다음 내용과 관련 있는 속담에 ◯표 하세요.

> 파인만은 어렸을 때부터 과학에 관심이 많았다. 파인만의 아버지가 집 지하실을 실험실로 꾸며 줄 정도였다. 이 실험실에서 파인만은 자신만의 발명품을 만들었다. 기계에도 소질을 보여서 불과 12살일 때 이웃의 라디오를 고치기도 했다.

(1) 바늘구멍으로 하늘 보기   (   )

(2) 호랑이도 제 말 하면 온다   (   )

(3) 될성부른 나무는 떡잎부터 알아본다   (   )

1 과거 '보신탕의 나라'로 *홍역을 치렀던 우리나라는 짧은 기간에 반려동물 천만 시대를 맞았다. 국내 반려동물과 관련된 시장 규모는 매년 늘어나 2017년에 2조 원이 넘었고 2027년에는 6조 원에 이를 것으로 전망된다. 이렇게 반려동물 관련 사업은 초고속으로 성장했지만 반려동물에 대한 문화 수준은 이를 따라가지 못하고 있다.

2 가장 큰 문제는 반려동물이 늘어나서 사랑받는 만큼 거리에 버려지는 유기 동물도 함께 늘어나고 있다는 것이다. 2017년 한 해 동안 버려졌다가 구조된 유기 동물은 10만 마리가 넘었다. 전국 동물 보호소의 수용 규모보다 훨씬 많은 동물이 유기되고 있어 동물 보호소는 이미 *포화 상태에 가깝다. 또 펫티켓 부족으로 반려동물이 사람을 공격하는 사고 건수가 지속적으로 늘면서 반려인과 비반려인의 갈등이 증가하는 것도 문제점으로 지적되고 있다. 우리의 반려동물 문화를 어떻게 개선해야 할까?

3 반려동물 문화를 개선하려면 개개인이 생명 존중에 대한 인식을 가져야 한다. 우리나라는 반려동물을 '입양'하기보다 펫샵이나 인터넷 사이트에서 '구매'한다. 이렇게 반려동물을 상품으로 취급하는 사고방식은 반려동물의 파양률을 높이고 나아가 죄책감 없이 유기하게 만든다. 한국 동물 보호 협회 관계자는 "캐나다는 반려견을 외국에서 수입할 만큼 반려견 입양이 어렵다 보니 유기견도 ㉠곧바로 입양된다."며 우리나라의 반려견 입양 구조가 근본적인 문제라고 말했다. 우리나라도 반려동물의 판매를 금지하고 유기 동물의 입양을 장려하는 방향으로 ㉡결코 캠페인을 벌여야 한다. 그리고 반려동물을 입양하려는 사람들에게 입양이 한 생명에 대한 엄중한 책임이 따르는 일임을 알려 주는 교육을 ㉢우선적으로 해야 한다. 이 교육을 통해 반려동물의 행동과 습성, 기초 이론, 교감하는 방법을 배울 수 있다. 또한 생명의 소중함을 배우고, 입양부터 죽음까지 한 생명을 책임질 만한 책임감이 있는지 ㉣스스로 돌아보게 해 유기 동물 발생 건수를 줄일 수 있다.

4 또, 사회 전반에 펫티켓을 지키는 분위기를 형성해야 한다. 동물 보호법에 따르면 맹견은 외출 시 목줄·입마개 착용을 의무화하고, 이를 위반해 다른 사람을 사망에 이르게 하면 소유자에게 3년 이하의 징역 또는 3천만 원 이하의 벌금형에 처하고 있다. 이 외에도 반려동물 문화 개선을 위한 여러 가지 조항이 추가된 개정안들이 나오고 있다. 그러나 법으로 규제한다고 해서 하루아침에 반려인과 비반려인의 갈등이 *해소될 리 없다. 전문가들 역시 규제보다는 반려동물을 키울 때 지켜야 할 사항을 지속적으로 알리고 공격성이 강한 동물에게는 사회화 교육을 시키는 것이 훨씬 효과적이라고 입을 모았다.

5 인도의 간디는 '한 나라의 위대함과 도덕성은 동물을 대하는 태도로 판단할 수 있다.'고 말했다. 반려동물 문화를 개선해 우리나라가 반려동물과 인간이 ㉤<u>평화롭게</u> 공존할 수 있는 사회가 된다면, 반려동물뿐 아니라 인간이 더 살기 좋은 사회가 될 것이다.

* 홍역을 치르다: 몹시 애를 먹거나 어려움을 겪다.
* 포화: 더 이상의 양을 수용할 수 없이 가득 참.
* 해소될: 어려운 일이나 문제가 되는 상태를 해결하여 없애 버릴.

1

내용 이해

1~5문단의 중심 내용으로 알맞지 <u>않은</u> 것은 무엇인가요? (   )

① **1**문단: 반려동물 관련 사업은 초고속으로 성장했지만 반려동물 문화 수준은 이를 따라가지 못하고 있다.

② **2**문단: 전국의 동물 보호소 수가 줄어 유기 동물이 갈 곳이 줄어들었다.

③ **3**문단: 개개인이 생명 존중에 대한 인식을 가져야 한다.

④ **4**문단: 사회 전반에 펫티켓을 지키는 분위기를 형성해야 한다.

⑤ **5**문단: 반려동물 문화를 개선하여 반려동물과 인간이 평화롭게 공존하는 사회를 만들자.

2

짜임

이 글의 짜임을 알맞게 정리한 것에 ○표 하세요.

(1)

서론	**1**
본론	**2**, **3**, **4**
결론	**5**

(   )

(2)

서론	**1**, **2**
본론	**3**, **4**
결론	**5**

(   )

(3)

서론	**1**
본론	**2**, **3**
결론	**4**, **5**

(   )

3

내용 이해

이 글에서 제시한 문제 상황으로 알맞은 것을 두 가지 고르세요. (   )

① 반려동물 관련 시장 규모가 매년 줄어들고 있다.

② 전국에 있는 동물 보호소의 숫자가 지나치게 많다.

③ 반려동물이 늘어난 만큼 유기 동물도 늘어나고 있다.

④ 펫티켓 부족으로 반려인과 비반려인의 갈등이 증가하고 있다.

⑤ 시장 규모에 비해 반려동물 문화가 초고속으로 성장하고 있다.

4 어휘·표현

㉠~㉤ 중에서 고쳐 써야 하는 표현은 무엇인가요? (   )

① ㉠   ② ㉡   ③ ㉢

④ ㉣   ⑤ ㉤

5 주제

이 글에서 글쓴이가 주장하는 내용을 정리하여 쓰세요.

_____

_____

6 비판

이 글의 내용이 타당한지 알맞게 판단한 사람은 누구인가요? (   )

① 성훈: 반려동물의 상품화가 파양률을 높인다는 근거는 주장과 관련이 없어.

② 윤서: 유기 동물보다 반려동물이 많아지고 있는 지금 상황에서 중요한 주장이야.

③ 정원: 반려견 입양 구조가 문제라는 한국 동물 보호 협회 관계자의 말은 주장을 잘 뒷받침하고 있어.

④ 혜지: 법적인 규제보다 펫티켓과 사회화 교육이 더 효과적이라는 전문가의 의견은 주장과 관련이 없어.

⑤ 석규: 반려동물을 입양하기 전에 입양 교육을 받으면 책임감을 가지게 될 것이라는 생각은 주장을 뒷받침하지 못해.

7 적용·창의

다음 사건에 대해 이 글의 글쓴이가 보일 반응으로 알맞은 것에 ○표 하세요.

> 최근 울산에서는 화상을 입은 길고양이가 여러 곳에서 발견되어 경찰이 수사에 나섰다. 또, 누리 소통망에는 한 남성이 개의 네 발을 묶고 머리에 포대를 씌운 채 오토바이에 싣고 가는 장면이 공개되어 사람들의 공분을 사고 있다.

(1) 두 사건 모두 동물 보호소가 부족해서 생긴 문제이므로, 동물 보호소를 늘려야 해.

(   )

(2) 두 사건 모두 동물을 유기해서 생긴 문제이므로, 동물을 유기한 사람에게 모든 책임이 있어.

(   )

(3) 두 사건 모두 동물을 학대해 생명 존중에 대한 인식이 부족하므로, 생명 존중 교육이 필요해.

(   )

어휘력 강화

낱말의 뜻

1 다음과 같은 뜻을 가진 낱말을 ○보기○에서 찾아 쓰세요.

○ 보기 ○	장려하다	엄중하다	교감하다	해소하다

(1) ( ): 좋은 일에 힘쓰도록 북돋아 주다.

(2) ( ): 서로 접촉하여 따라 움직임을 느끼다.

(3) ( ): 예사로 여길 수 없을 정도로 중대하다.

(4) ( ): 어려운 일이나 문제가 되는 상태를 해결하여 없애 버리다.

동형어

2 다음 밑줄 친 낱말은 어떤 뜻으로 쓰였는지 ○보기○에서 찾아 번호를 쓰세요.

○ 보기 ○
㉮ 말이나 사실 따위가 틀림이 없다.
㉯ 시간이 흐름에 따라 오는 어떤 때를 대하다.
㉰ 쏘거나 던지거나 한 물체가 어떤 물체에 닿다.

(1) 사냥꾼이 쏜 화살이 사냥감에 정확하게 <u>맞았다</u>. ( )

(2) 이 책은 역사적 사실에 <u>맞는</u> 내용을 담고 있다. ( )

(3) ○○ 신문은 창간 일곱 돌을 <u>맞아</u> 기념 행사를 했다. ( )

사자성어

3 다음 밑줄 친 부분과 관련 있는 사자성어에 ○표 하세요.

유기 동물이 늘어나고 있다. 오늘 발견된 강아지는 길거리에서 <u>굶주림과 추위를 겪다가 교통사고까지 당했는데, 한 주민의 신고로 동물 병원으로 옮겨져 건강을 되찾았다.</u>

(1) 대기만성(大器晩成) → 큰 그릇을 만드는 데는 시간이 오래 걸린다는 뜻으로, 크게 될 사람은 늦게 이루어짐을 이르는 말. ( )

(2) 구사일생(九死一生) → 아홉 번 죽을 뻔하다 한 번 살아난다는 뜻으로, 죽을 고비를 여러 차례 넘기고 겨우 살아남을 이르는 말. ( )

가

  *병법의 대가였던 중국의 손자는 '병법 중 가장 뛰어난 전술은 전쟁 없이 이기는 것'이라고 했다. 우리 역사에서 이 전술을 보여 준 예가 서희의 협상이었다. 그런데 서희를 단지 말솜씨만 뛰어난 인물로 기억하는 경우가 있다. 우리는 서희의 말솜씨에만 집중할 것이 아니라 그의 전술에 집중해야 한다.

  거란의 소손녕이 80만 대군을 이끌고 봉산성을 점령한 후 고려에 항복을 권하자 고려 조정은 서경 이북의 땅을 내주고 전쟁을 끝내자고 의견을 모았다. 이에 서희는 먼저 싸워 보고 나서 *화친을 맺어도 늦지 않는다며 자리를 걸고 성종을 설득했다.

  고려의 답장이 늦자 소손녕은 안융진과 연주성을 공격했으나 크게 패하고 만다. 두 번의 싸움으로 큰 타격을 입은 거란은 공격할 의지를 잃었다. 그제서야 서희는 협상에 나섰다. 거란의 자신감이 많이 떨어졌을 때 협상하는 것이 고려에 유리할 것이라고 생각했기 때문이다. 이처럼 서희의 협상에는 치밀한 계산이 담겨 있었다.

  또, 서희는 협상을 하기에 앞서 고려를 둘러싼 국제 정세를 냉철하게 판단했다. 당시 동북아시아에서는 송나라의 힘이 약해지고 거란이 힘을 키우고 있었다. 서희는 송나라를 무너뜨리기 전에 송나라를 섬기던 고려를 묶어 두려는 거란의 의도를 *간파했다. 협상 자리에서 거란의 소손녕은 고려가 송나라와 관계를 끊고 거란과 외교 관계를 맺어야 한다고 주장했다. 그러자 서희는 거란과 교류하기 위해 강동 6주(흥화, 용주, 철주, 통주, 곽주, 귀주)를 차지한 여진을 몰아내고 길을 열게 도와 달라며 오히려 새로운 제안을 했다. 동북아시아에서 강대국으로 부상하던 거란과 외교 관계를 맺으면서 고려가 원하던 군사적 *요충지까지 얻어 내려고 한 것이다. 거란이 이를 받아들이면서 서희는 전쟁을 피하고 고려의 영토를 압록강까지 넓히는 *실리를 챙겼다.

  자신의 모든 것을 걸고 성종을 설득한 결단력, 치밀한 계산을 바탕으로 한 협상 능력, 냉철한 국제 정세에 대한 판단 그리고 자주적이고 실리적인 자세가 성공적인 결과를 만들어 냈다. 외교 관계가 점점 더 중요해지고 있는 이때에 전쟁 없이 거란을 물리친 서희의 협상은 재조명되어야 한다.

● 지문의 난이도
상 중 하

● 문제의 난이도
상 중 하

▶ 낱말 뜻

* 병법: 군사를 지휘하여 전쟁하는 방법.
* 화친: 나라와 나라 사이에 다툼 없이 가까이 지냄.
* 간파했다: 속내를 꿰뚫어 알아차렸다.
* 요충지: 땅의 생긴 모양이나 형세가 군사적으로 아주 중요한 곳.
* 실리: 실제로 얻는 이익.

나

조선 시대 내내 형과 아우를 죽이고 계모를 *폐위시킨 폭군으로 평가받던 광해군이 오늘날 실리 외교, 중립 외교의 본보기로 *추앙되고 있다. 오히려 대중들의 애정이 지나쳐 중립 외교의 장점만을 바라보려고 하는 시각이 있을 정도이다. 광해군이 펼친 외교 정책을 바라보는 시각이 달라진 까닭은 무엇일까? 우리는 광해군의 중립 외교를 하나의 성공적인 업적으로 볼 것인지 잘못된 결정으로 인한 실수로 볼 것인지 냉정하게 재평가해야 한다.

명나라에서 후금과 전쟁을 하기 위하여 조선에 군사를 지원해 달라고 했을 때 광해군은 두 나라 중 누구의 편에도 서지 않기로 하고 중립 외교를 펼쳤다. 당시 조선은 임진왜란의 피해를 복구하는 작업이 한창이었다. 이런 상황에서 다시 전쟁을 바라는 백성은 아무도 없었을 것이다. 다른 이가 왕이 되었을지라도 강대국으로 *군림해 온 명나라와 새롭게 부상한 후금의 싸움에 끼어들기에도 부담스러웠을 것이다. 국제 정세를 파악한 광해군은 불필요한 전쟁을 피하고 전쟁 복구에 힘쓰며 나라 안을 안정시키는 것이 조선을 위한 일이라고 생각했다. 그래서 군사를 지원해 달라는 명나라의 요청에 따르지 않았고, 후금에게는 조선이 전쟁에 적극적으로 참여할 의사가 없다는 것을 밝혔다. 이러한 중립 외교는 명분을 중요하게 여기던 많은 신하들과 달리 실리를 따졌기에 가능한 일이었다. 그리고 이 중립 외교 덕분에 조선은 명나라, 후금 모두와 적이 되지 않고 평화를 지킬 수 있었다.

(㉠) 광해군은 자신이 선택한 중립 외교 정책에 대해 뒤처리가 부족했다. 당시 조선은 친명 외교가 사회 전반에 굳건하게 자리잡고 있었다. 이를 친후금 외교로 바꾸려면 많은 노력이 필요했지만, 광해군은 이를 뒷받침할 제도적 개혁을 만들지 못했다. 중립 외교에 대한 신하들의 동의를 얻지 못하다 보니 신하들과 대립할 수밖에 없었다. 결국 이 중립 외교를 빌미로 하여 왕위에서 쫓겨나고 중립 외교는 다음 왕에게 이어지지 못했다.

역사의 평가에는 늘 *공로와 *과실이 존재하며 시대나 가치관의 변화에 따라 그 평가가 달라진다. 광해군의 중립 외교 역시 공로와 과실을 냉정히 살펴 균형 있게 평가해야 한다.

낱말 뜻

*폐위: 왕이나 왕비 등의 자리를 폐함.
*추앙되고: 높이 받들어져 우러름을 받게 되고.
*군림해: 어떤 분야에서 절대적인 세력을 가지고 남을 압도해.
*공로: 일을 마치거나 목적을 이루는 데 들인 노력과 수고. 또는 일을 마치거나 그 목적을 이룬 결과로서의 공적.
*과실: 부주의나 태만 따위에서 비롯된 잘못이나 허물.

1

내용 이해

글 가와 나의 공통점으로 알맞은 것은 무엇인가요? (   )

① 질문 형식을 이용해 글의 화제를 제시하고 있다.

② 역사적 사실을 공간의 이동에 따라 알려 주고 있다.

③ 인물의 업적을 분석하여 인물에 대해 평가하고 있다.

④ 과거와 현대의 인물을 비교해 읽는 사람의 흥미를 끌고 있다.

⑤ 인물과 관련한 전설을 예로 들어 주장에 대한 근거로 삼고 있다.

2

내용 이해

글 가에서 서희가 사용한 협상 전략이 아닌 것은 무엇인가요? (   )

① 불리한 협상을 하지 않도록 성종을 설득했다.

② 군사적인 성과를 얻을 때까지 협상을 미루었다.

③ 거란의 논리를 이용해 고려가 원하던 군사적 요충지를 얻어 냈다.

④ 국제 정세에 대한 날카로운 판단으로 고려와 거란의 전쟁을 막았다.

⑤ 송나라를 무너뜨리려는 거란의 의도를 간파하고 송나라를 설득했다.

3

주제

글 나의 글쓴이의 관점으로 알맞은 것에 모두 ○표 하세요.

(1) 광해군은 전쟁을 하는 것에 대해 부정적이었다.   (   )

(2) 광해군은 전쟁 복구 작업을 중요하게 여기지 않았다.   (   )

(3) 광해군은 후금보다 명나라가 더 안정적이라고 판단했다.   (   )

(4) 광해군은 명분보다는 실제로 얻는 이익을 중요하게 생각했다.   (   )

4

어휘·표현

㉠에 들어갈 말로 알맞은 것은 무엇인가요? (   )

① 비록   ② 별로   ③ 그러나

④ 그리고   ⑤ 왜냐하면

5 글 **가**와 **나**를 읽고 더 찾아볼 자료로 알맞은 것은 무엇인가요? (   )

추론

① 고려 이전 시대 유적지의 사진
② 가장 최근에 만들어진 세계 지도
③ 고려와 조선의 문화를 다룬 동영상
④ 고려와 조선의 대외 관계를 다룬 책
⑤ 고려와 조선의 인구 변화를 표시한 도표

6 글 **가**와 **나**의 내용이 타당한지 알맞게 판단한 친구는 누구인지 쓰세요.

비판

> 승윤: 외교 관계가 점점 더 중요해지는 지금 상황에서 글 **가**의 주장은 가치 있는 주장이야.
>
> 민지: 광해군에 대한 역사적 사실을 바꿀 수 없으므로 글 **나**의 주장은 가치 없는 주장이야.
>
> 정호: 글 **가**에서 고려를 둘러싼 국제 정세를 자세히 설명하지 않아 뒷받침 근거가 부족해 보여.
>
> 인영: 글 **나**는 광해군의 외교 정책에 대한 장점만 근거로 제시해서 주장을 잘 뒷받침하지 못해.

(   )

7 글 **가**와 **나**를 참고하여 다음 내용을 읽고 알맞게 반응한 것에 ○표 하세요.

적용·창의

> 1492년 콜럼버스가 아메리카 대륙에 도착한 날을 기념하는 '콜럼버스의 날'에 대하여 아메리카 대륙이 노예 제도, 원주민 학살 등으로 파괴되는 계기가 됐다는 문제가 제기되며 '원주민의 날'로 바꾸자는 목소리가 커지고 있다.

(1) 역사적 평가는 시대에 따라 달라질 수 있으므로 콜럼버스는 원주민 학살자로 재평가할 수 있어. (   )

(2) 콜럼버스의 날을 원주민의 날로 바꾸자는 것은 현재 벌어진 일이므로 역사적 재평가와는 관련이 없어. (   )

	❶	❷		❺
❸				
❹		❻		
❼				
		❽		

가로 →

❶ 극도로 빠른 속도.

❹ 실제로 얻는 이익.

❻ 땅의 생긴 모양이나 형세가 군사적으로 아주 중요한 곳.

❼ 가느다란 마른 나뭇가지, 마른 풀, 낙엽 따위의 부스러기.

❽ 왕이나 왕비 등의 자리를 폐함.

세로 ↓

❷ 연구하여 새로운 안을 생각해 냄. 또는 그 안.

❸ 부주의나 태만 따위에서 비롯된 잘못이나 허물.

❺ 처음부터 끝까지의 과정.

❼ 언론, 출판, 보도, 연극, 영화, 우편물 따위의 내용을 사전에 심사하여 그 발표를 통제하는 일.

정답 및 해설 16쪽에서 확인하세요.

다음 빈칸에 들어갈 모양은 무엇일까요?
같은 종류의 모양을 체크해 보세요. 그리고 그 모양이 어떻게 위치를 바꾸는지
살펴보면 다음에 어떤 모양이 들어갈지 추측할 수 있어요.

정답 및 해설 16쪽에서 확인하세요.

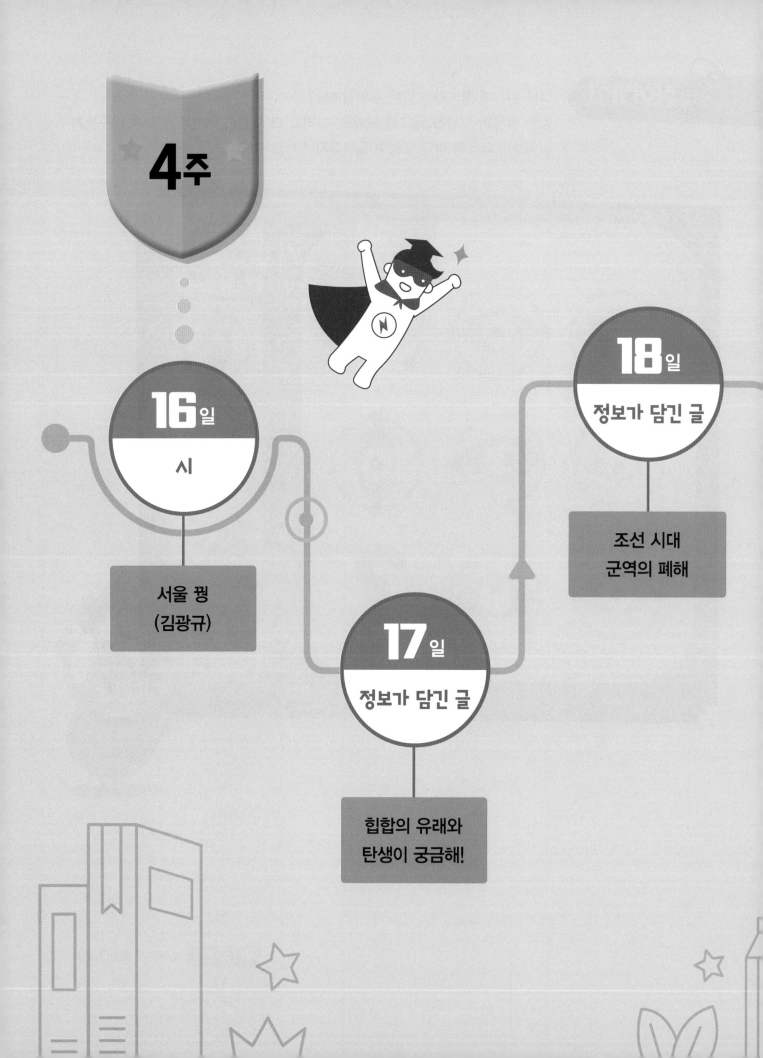

4주

16일
시

서울 꿩
(김광규)

17일
정보가 담긴 글

힙합의 유래와
탄생이 궁금해!

18일
정보가 담긴 글

조선 시대
군역의 폐해

20일

최상위 독해

19일

의견이 담긴 글

• 고래를 위하여(정호승)
• 어린 왕자(생텍쥐페리)

장애인 고용을
늘려야 한다

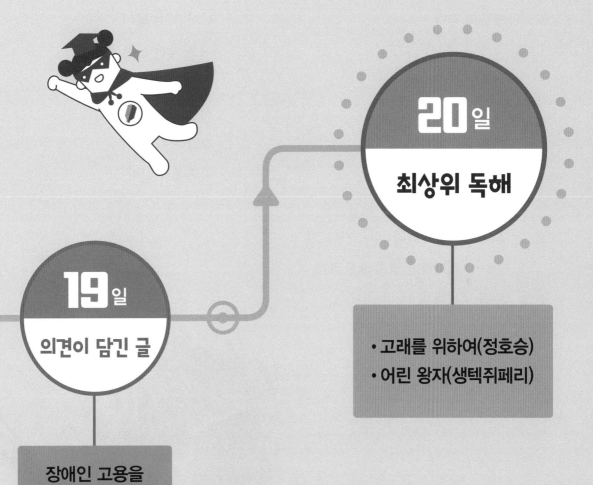

서울 꿩

김광규

서울특별시 서대문구
한 모퉁이에
섬처럼 외롭게 남겨진
*개발 제한 구역
홍제동 뒷산에는
꿩들이 산다

가을날 아침이면
*장끼가 *우짖고
까투리는 저마다
꿩병아리를 데리고
언덕길
쓰레기터에 내려와
콩나물 대가리나 멸치 꽁다리를
주워 먹는다.

지하철 공사로 혼잡한
아스팔트 길을 건너
바로 맞은쪽
인왕산이나
안산으로
날아갈 수 없어
이 삭막한 돌산에
㉠갇혀 버린 꿩들은
서울 시민들처럼
갑갑하게
시내에서 산다.

* 개발 제한 구역: 도시의 무질서한 확산 방지와 도시의 자연환경 보전 등을 위하여 국토교통부 장관이 도시 개
  발을 제한하도록 지정한 구역.
* 장끼: 꿩의 수컷. ⟨반⟩ 까투리
* 우짖고: 새가 울며 지저귀고.

1

내용 이해

이 시에 대한 설명으로 알맞은 두 가지 고르세요. (　　　　　)

① 중심 글감은 서울 꿩이다.

② 시간의 흐름에 따라 꿩의 모습을 보여주고 있다.

③ 구체적인 지명을 사용하여 현실적으로 표현하고 있다.

④ 미래 상황을 미리 가정하여 시의 내용을 전개하고 있다.

⑤ 흉내 내는 말을 사용하여 노래하는 듯한 느낌을 주고 있다.

2

주제

이 시의 주제로 알맞은 것은 무엇인가요? (　　　　)

① 임에 대한 아름다운 사랑

② 아름다운 자연을 보호하려는 의지

③ 가족에 대한 그리움과 부모님에 대한 사랑

④ 민족을 위한 참된 희생과 광복에 대한 믿음

⑤ 현대 문명 속에서 갑갑하게 살아가는 도시인의 삶

3

추론

다음 중 의미하는 바가 <u>다른</u> 하나는 무엇인지 찾아 쓰세요.

| 모퉁이 | 인왕산 | 홍제동 뒷산 |
| 삭막한 돌산 | 개발 제한 구역 | |

(　　　　　　　　)

4

어휘·표현

㉠과 같은 표현 방법이 쓰인 것은 무엇인가요? (　　　　)

① 나의 마음은 고요한 호수

② 검은 바다를 뒤엎은 흰 파도.

③ 오월은 계절의 여왕이라 한다.

④ 탕, 탕, 탕. / 총포 소리가 점점 가까이 들려 온다.

⑤ 고양이는 망부석처럼 꼼짝도 하지 않고 문을 지키고 있었다.

5 서울 꿩과 비슷한 처지에 놓인 대상을 시에서 찾아 쓰세요.

추론

(   )

6 이 시를 읽고, 바르게 감상한 사람은 누구인지 쓰세요.

감상

도심 한가운데 어느 가정집에서 키우는 꿩의 모습이 떠올라.

한슬

인왕산에서 자유롭게 날아다니는 장끼의 입장이 되어 자연의 소중함을 노래하고 있어.

유라

먹을 게 없어서 쓰레기 터를 뒤지는 꿩 가족의 모습이 안타까워.

도훈

(   )

7 주제를 살려 이 시를 바꾸어 쓰는 방법으로 알맞지 <u>않은</u> 것의 기호를 쓰세요.

적용·창의

> ㉠ 장끼의 입장이 되어 자신의 고단한 하루를 일기로 바꾸어 쓴다.
> ㉡ 제목을 '안산 꿩'으로 바꾸어 자연으로 돌아간 꿩의 자유로운 모습을 표현한다.
> ㉢ 동물원 사육장에서 사람들이 던져 주는 먹이를 주워 먹는 꿩의 모습을 표현한다.
> ㉣ 꿩의 애처로운 울음소리를 반복적으로 넣어 도시를 벗어나고 싶어 하는 마음을 강조하여 쓴다.

(   )

어휘력 강화

낱말의 뜻

1 다음과 같은 뜻을 가진 낱말을 ○보기○에서 찾아 쓰세요.

○ **보기** ○	개발	제한	혼잡

(1) ( ): 여럿이 한데 뒤섞이어 어수선함.

(2) ( ): 토지나 천연자원 따위를 유용하게 만듦.

(3) ( ): 일정한 한도를 정하거나 그 한도를 넘지 못하게 막음. 또는 그렇게 정한 한계.

반대말

2 다음 낱말의 관계가 <u>다른</u> 것을 한 가지 고르세요. ( )

① 신사 – 숙녀 ② 수탉 – 암탉

③ 수캐 – 암캐 ④ 장끼 – 까투리

⑤ 꿩 – 꿩병아리

사자성어

3 다음 밑줄 친 부분과 관련 있는 사자성어에 ○표 하세요.

시 「서울 꿩」은 꿩의 모습을 통해 도시인들의 갑갑한 삶의 모습을 담담하게 표현하고 있다. 개발 제한 구역에 갇혀 사는 꿩이 인왕산이나 안산을 꿈꾸듯이 어쩌면 도시 속에 갇혀 사는 사람들도 그들만의 낙원을 꿈꾸고 있지 않을까? <u>서울 꿩과 도시인의 애달픈 삶의 모습이 어딘가 닮아 있는 듯하다.</u>

(1) **동병상련(同病相憐)** → 같은 병을 앓는 사람끼리 서로 가엾게 여긴다는 뜻으로, 어려운 처지에 있는 사람끼리 서로 가엾게 여김을 이르는 말. ( )

(2) **주객전도(主客顚倒)** → 주인과 손의 위치가 서로 뒤바뀐다는 뜻으로, 사물의 경중·선후·완급 따위가 서로 뒤바뀜을 이르는 말. ( )

1 최근 텔레비전에서 래퍼들이 경쟁을 벌이는 힙합 오디션 프로그램이 화제가 되었다. 게다가 고등학생만 출전 가능한 힙합 오디션 프로그램까지 생겨나 청소년들의 마음을 들뜨게 했다. 래퍼를 꿈꾸는 청소년들이 많다는 것은 청소년들에게 힙합이 인기 있다는 것을 알려 준다. ㉠힙합은 읊듯이 노래하는 랩, 레코드판을 이용해 색다른 노래를 만드는 디제잉, 화려한 동작으로 시선을 사로잡는 브레이크 댄스, 거리를 알록달록하게 수놓은 그라피티로 이루어진다. 그럼 이 네 요소의 총합인 힙합 문화는 언제, 어떻게 시작되었을까?

2 힙합은 1970년대 미국 뉴욕의 브롱크스 지역에 살던 흑인들로부터 처음 생겨났다. 당시 뉴욕시가 브롱크스 크로스 고속도로 건설을 결정하자, 경제적으로 여유가 있는 백인들은 교외로 빠져나갔고 브롱크스에는 가난한 흑인들만 남았다. 브롱크스는 점차 범죄 다발 지역으로 변해 갔다. 이런 상황에서도 흑인들은 문화 공동체를 만들어 음악과 춤을 즐겼다.

3 1973년 8월의 어느 날, 브롱크스의 한 아파트에서 열린 하우스 파티에서 최초의 힙합 음악이 시작되었다. 이 파티에서 자메이카 출신의 디제이 쿨 허크(Kool Herc)는 이전과는 다른 *혁신적인 '디제잉' 방법을 선보였다. 쿨 허크는 두 개의 턴테이블을 이용해서 같은 노래에서 리듬만 나오는 브레이크 *구간을 이어서 사람들에게 들려주었다. 파티에 참석한 사람들은 브레이크 구간이 나오자 현란한 기술을 펼치며 한층 격렬하게 춤을 추었다. 이것이 바로 '브레이크 댄스'의 시작이 되었다. 이 브레이크 구간에 맞춰 춤을 추는 젊은이들을 '브레이크 보이'라고 불렀고, 훗날 브레이크의 앞 글자만 따서 '비보이'라고 부르게 되었다.

4 또, 쿨 허크의 친구인 코크 라 락(Coke La Rock)은 파티의 흥을 *돋우기 위해 마이크를 잡고 즉흥적으로 말을 했는데, 이것이 최초의 랩이었다. 이때부터 랩을 뱉으며 진행하는 사람을 '엠시'라고 하고, 엠시가 말을 뱉는 것을 '엠시잉(MCing)'이라고 불렀다.

5 '그라피티'는 거리의 벽이나 주차장, 농구장 등 각종 시설물에 스프레이로 그려진 낙서 같은 문자나 그림을 뜻한다. 그라피티는 1960년대 말 필라델피아에서 콘브레드(Cornbread)와 쿨 얼(Cool Earl)이라는 사람이 자신의 서명을 남긴 데서 시작되었다. 그리고 디제이와 엠시가 주최하는 파티가 그라피티가 그려진 거리에서 자주 열리면서 그라피티도 힙합 문화의 한 축이 되었다.

---

*혁신적: 묵은 풍속, 관습, 조직, 방법 따위를 완전히 바꾸어 새롭게 하는 것.
*구간: 어떤 지점과 다른 지점과의 사이.
*돋우기: 감정이나 기색 따위를 생겨나게 하기.

1

내용 이해

이 글의 내용과 일치하지 않는 것은 무엇인가요? (　　　)

① 힙합은 미국 흑인들로부터 시작되었다.

② 청소년들에게 힙합이 인기를 끌고 있다.

③ 힙합을 이루는 핵심 요소는 네 가지이다.

④ 힙합은 1970년대 뉴욕 브롱크스 지역에서 시작되었다.

⑤ 그라피티는 미술의 영역이므로 힙합 문화에서 제외되었다.

2

주제

이 글의 제목으로 알맞은 것의 기호를 쓰세요.

㉠ 힙합의 인기 비결을 찾아라!　　㉡ 힙합은 어디까지 발전했을까?

㉢ 힙합의 유래와 탄생이 궁금해!　　㉣ 힙합의 발전에 도움을 준 사람들

(　　　　　　　)

3

주제

1~5문단의 중심 내용이 잘못 연결된 것은 무엇인가요? (　　　)

① 1문단: 힙합의 인기와 핵심 요소

② 2문단: 힙합이 생겨난 배경

③ 3문단: 디제잉과 브레이크 댄스의 유래

④ 4문단: 힙합 오디션 프로그램의 유래

⑤ 5문단: 그라피티의 뜻과 유래

4

추론

2~5 중에서 다음 자료를 활용할 수 있는 문단의 번호를 쓰세요.

(1)

(　　　　　　　)

(2)

(　　　　　　　)

5 짜임

㉠에 쓰인 설명 방법으로 가장 알맞은 것은 무엇입니까? (　　　)

① 구체적인 예를 들어서 개념을 설명하였다.

② 어떤 일의 원인과 결과를 풀어 설명하였다.

③ 두 대상의 공통점과 차이점을 보여 주었다.

④ 대상을 일정한 기준으로 나누어 설명하였다.

⑤ 대상을 이루고 있는 구성 요소별로 나누어 설명하였다.

6 어휘·표현

이 글에 나온 다음 낱말과 같은 관계로 짝 지어지지 <u>않은</u> 것은 무엇인가요? (　　　)

> 춤 – 브레이크 댄스

① 꽃 – 장미　　　　　　　② 동물 – 기린

③ 생물 – 동물　　　　　　④ 지구 – 화성

⑤ 시계 – 벽시계

7 적용·창의

이 글을 바탕으로 다음 내용을 알맞게 비판한 것에 ○표 하세요.

> 힙합은 과거 차별받고 억압당하며 살아온 흑인들의 분노가 담긴 저항의 음악이다. 1970년대 미국에는 흑인에 대한 차별이 존재했다. 사회적 약자였던 흑인들은 일상화된 범죄와 마주쳤고 가난은 되물림되었다. 힙합은 당시 문제 의식을 가진 래퍼들이 흑인들의 비참한 현실을 담은 가사로 저항 정신을 뿜어 낸 현실 비판의 음악이었다.

(1) 힙합이 시작된 1970년대 미국 뉴욕의 브롱크스는 흑인들만 사는 지역이어서 흑인 차별은 존재하지 않았다. (　　　)

(2) 1970년대 브롱크스 크로스 고속도로 건설로 백인들이 교외로 나갔으므로, 흑인들은 사회적 약자로 볼 수 없다. (　　　)

(3) 힙합은 1970년대 춤과 음악을 즐기는 파티에서 시작된 음악으로, 저항과 현실 비판 정신이 전부라고 생각해서는 안 된다. (　　　)

어휘력 강화

낱말의 뜻

1 다음과 같은 뜻을 가진 낱말을 〇보기〇에서 찾아 쓰세요.

> 〇 **보기** 〇   구간   출전   공동체   혁신적

(1) (   ): 시합이나 경기 따위에 나감.

(2) (   ): 어떤 지점과 다른 지점과의 사이.

(3) (   ): 생활이나 행동 또는 목적 따위를 같이하는 집단.

(4) (   ): 묵은 풍속, 관습, 조직, 방법 따위를 완전히 바꾸어 새롭게 하
는 것.

헷갈리기 쉬운 말

2 다음 문장에 알맞은 낱말을 (   ) 안에서 골라 〇표 하세요.

(1) 리듬에 (맞혀, 맞춰) 춤을 추었다.

(2) 풍물놀이패의 연주가 신바람을 (돋우었다, 돋구었다).

(3) 여러 명의 래퍼들이 경쟁을 (벌이고, 벌리고) 있다.

관용어

3 다음 밑줄 친 내용과 관련 있는 관용어에 〇표 하세요.

> 　최근 텔레비전에서 래퍼들이 경쟁을 벌이는 힙합 오디션 프로그램이 화제가 되었
> 다. 게다가 고등학생만 출전 가능한 힙합 오디션 프로그램까지 생겨나 청소년들의 <u>마
> 음을 들뜨게 했다.</u>

(1) 입을 씻다 (   )   (2) 혀를 깨물다 (   )

(3) 가슴을 도려내다 (   )   (4) 가슴을 뒤흔들다 (   )

조선 시대에는 군대에 가야 하는 의무를 '군역'이라고 불렀다. 조선의 법전인 『경국대전』에 따르면, 16세부터 60세까지의 *양인 남자는 의무적으로 군역을 졌다. 천민을 ㉠제외한 양반, 중인, 평민은 ㉡모두 군역의 의무가 있었다. ㉮현재 우리나라는 군 *복무 기간이 18~23개월로 한 번이지만 조선 시대 양인들은 평생에 걸쳐 매년 2~6개월씩 군인으로 살아야 했기 때문에 더욱 고생스러울 수밖에 없었다.

그 당시 군역의 대상이 되었던 양인 남자들 중에는 농민이 많았다. 이들이 모두 군인으로 복무하게 되면 토지를 경작하거나 농사를 짓는 과정에서 어려움이 발생할 수밖에 없었다. 그래서 정군과 보인(봉족)으로 나누어 군역을 지게 하였다. 정군은 직접 군사 업무를 맡았고, 보인은 정군의 집에 매년 *군포를 ㉢납부하여 경제적으로 ㉣지원하는 일을 하였다. 보통 정군 1명에 보인 2~3명이 하나의 단위 집단이 되어 정군의 ㉤생계를 책임졌다.

시간이 지나면서 경제적으로 여유가 있던 사람들은 군역을 대신할 사람을 돈으로 사서 복무시켰는데, 이를 '대립(代立)'이라고 불렀다. 더구나 관청에서도 군역을 져야 할 사람에게 몰래 군포를 받고 군역을 면제해 주기도 했다. 이처럼 (㉯)

합법적으로 군역을 면제 받은 사람들도 있었는데, 현직 관리와 성균관, 사학 및 향교의 학생, 지체 장애인, 70세 이상의 부모를 모신 아들 한 명, 90세 이상의 부모를 모신 아들 모두, 도첩을 받은 승려 등이 이에 해당한다. 이 때문에 군대에 가지 않으려고 온갖 연줄을 동원해서 성균관이나 사학, 향교에 입학하려는 학생들이 많았다. 40~50대의 나이에도 군역을 피하려고 향교에 학생으로 등록하는 사람이 늘자, 1462년 세조는 마흔 살이 넘은 늙은 학생들을 군대로 보내라는 명령을 내리기도 했다. 군대를 피하려는 양반들은 관리와 짜고 나라에서 발행하는 승려 신분증인 도첩을 얻어 내기도 했다.

조선 후기에는 남자들이 군대에서 복무하는 대신에 군포를 나라에 내고, 나라에서 군인들을 모집하는 것으로 바뀌었다. ㉰군역의 형태가 바뀌었음에도 평민들의 고통은 오히려 가중되었다. 처음에는 1년에 2필의 베만 내면 되었지만, 내야 하는 베의 양은 점점 많아졌다. 군역의 의무를 다하라며 군포를 가혹하게 거두어들이다 보니 이를 견디지 못한 평민들은 도망을 가 떠돌이가 되거나 노비가 되기도 하였다.

* 양인: 조선 시대에, 양반과 천민의 중간 신분으로 천한 일에 종사하지 아니하던 백성.
* 복무: 어떤 직무나 임무에 힘씀.
* 군포: 조선 시대에, 병역을 면제하여 주는 대신으로 받아들이던 베.

1

주제

이 글의 제목으로 알맞은 것은 무엇인가요? (   )

① 조선 시대 군대의 장점

② 조선 시대 양반의 의무

③ 조선 시대 군역의 폐해

④ 조선 시대 군대의 종류

⑤ 조선 시대 신분 제도의 변화

2

내용 이해

조선 시대의 군대에 대한 설명으로 알맞지 <u>않은</u> 것은 무엇인가요? (   )

① 돈으로 사람을 사서 대신 군대에 보내기도 했다.

② 군대에서 복무하려고 향교에 학생으로 등록하는 사람이 많았다.

③ 조선 후기에는 군포를 내지 못해 노비가 되는 평민들이 있었다.

④ 16세부터 60세까지의 양인 남자는 의무적으로 군역을 져야 했다.

⑤ 직접 군사 업무를 하는 정군과 경제적 지원을 하는 보인이 있었다.

3

어휘·표현

㉠~㉤과 바꾸어 쓸 수 있는 말로 알맞지 <u>않은</u> 것은 무엇인가요? (   )

① ㉠: 포함한   ② ㉡: 전부

③ ㉢: 내어   ④ ㉣: 뒷받침하는

⑤ ㉤: 살림

4

짜임

㉮와 같은 설명 방식으로 쓰인 것에 ○표 하세요.

(1) 이와 비슷한 예는 그리스나 로마에서 찾을 수 있다.   (   )

(2) 문학은 일반적으로 시, 소설, 수필, 희곡 등으로 나뉜다.   (   )

(3) 전기 자동차의 연료는 전기지만, 수소 자동차의 연료는 수소이다. (   )

(4) 씨름은 모래판에서 두 사람이 서로의 샅바를 붙잡고 겨루는 경기이다. (   )

5 ㉯에 들어갈 뒷받침 문장으로 알맞은 것은 무엇인가요? (   )

추론

① 양반의 대립이 의무화되면서 양반의 반발을 샀다.

② 불법적인 일이 일어나면서 군역 제도는 흔들리게 되었다.

③ 모두가 모범적으로 군역을 지면서 군사력이 크게 강화되었다.

④ 군역이 사회 전반에 권장되면서 대립이 점점 사라지게 되었다.

⑤ 군역에 대한 부담이 평민에게 집중되면서 평민이 받을 수 있는 특전도 늘어났다.

6 다음 중 조선 시대에 합법적으로 군역을 면제받을 수 <u>없는</u> 사람의 기호를 쓰세요.

내용 이해

> ㉮ 지체 장애인　　　　　　㉯ 도첩이 없는 승려
>
> ㉰ 성균관에 다니던 학생　　㉱ 92세 아버지를 모신 둘째 아들

(   )

7 다음 글을 참고하여 ㉰의 까닭을 알맞게 이해한 친구에 ○표 하세요.

적용·창의

> 　조선 후기 농업과 상업이 발달하면서 부유해진 평민들은 돈으로 양반 신분을 샀으며 점차 양반의 수가 늘어났다. 기존의 양반들은 군역의 의무가 없었기 때문에 양반이 된 부유한 평민들 마저 군역에서 빠져나가자 가난한 평민들만 군역의 의무를 지게 되었다. 견디다 못한 농민들이 도망갈수록 남아 있는 농민들의 부담은 더욱 무거워질 수밖에 없었다. 고을의 수령들은 하급 관리들과 짜고 죽은 사람, 어린아이에게도 군포를 걷었고, 도망간 사람의 이웃이나 친척에게도 군포를 걷어 나라에 일부 바치고 나머지로 제 배를 채웠다.

(1) 윤서: 양반이 군역에서 제외된 것은 평민들이 경제력이 커지면서 군역을 더 부담했기 때문이군.　　　　　　　　　　　　　　　　　　　　　　　　　　　(   )

(2) 성훈: 죽은 사람이나 어린아이에게도 군포를 걷은 것은 그들이 군역의 의무를 다해야 할 양반이기 때문이군.　　　　　　　　　　　　　　　　　　　　　　　(   )

(3) 채은: 조선 후기 가난한 평민들만 군역을 부담하게 된 것은 신분제가 흔들려 군역의 의무가 없는 양반의 수가 늘어났기 때문이군.　　　　　　　　　　　　(   )

어휘력 강화

낱말의 뜻

1 다음과 같은 뜻을 가진 낱말을 ○보기○에서 찾아 쓰세요.

> ○ 보기 ○　　　　복무　　　　경작　　　　면제　　　　동원

(1) (　　　　　　　　): 어떤 직무나 임무에 힘씀.

(2) (　　　　　　　　): 땅을 갈아서 농사를 지음.

(3) (　　　　　　　　): 책임이나 의무 따위를 면하여 줌.

(4) (　　　　　　　　): 어떤 목적을 달성하고자 사람을 모으거나 물건, 수단, 방법 따위를 집중함.

동형어

2 다음 밑줄 친 낱말이 ○보기○와 같은 뜻으로 쓰인 것에 ○표 하세요.

> ○ 보기 ○　　　조선의 법전인 『경국대전』에 따르면, 16세부터 60세까지의 양인 남자는 의무적으로 군역을 <u>졌다</u>.

(1) 해가 <u>지고</u> 달이 떴다.　　　　　　　　　　　　　　　　　　　　　(　　　　)

(2) 우리나라가 축구 경기에서 <u>져서</u> 속상했다.　　　　　　　　　　　　(　　　　)

(3) 나는 항상 내가 한 말에 책임을 <u>지려고</u> 노력한다.　　　　　　　　(　　　　)

사자성어

3 다음 밑줄 친 내용과 관련 있는 사자성어에 ○표 하세요.

> <u>군역의 의무를 다하라며 군포를 가혹하게 거두어들이다 보니</u> 이를 견디다 못한 평민들은 도망을 가 떠돌이가 되거나 노비가 되기도 하였다.

(1) 가렴주구(苛斂誅求) → 세금을 가혹하게 거두어들이고, 무리하게 재물을 빼앗음.
　　　　　　　　　　　　　　　　　　　　　　　　　　　　　　　　　　　(　　　　)

(2) 감탄고토(甘呑苦吐) → 달면 삼키고 쓰면 뱉는다는 뜻으로, 자신의 비위에 따라서 사리의 옳고 그름을 판단함을 이르는 말.　　　　　　　　　　　　　　　　(　　　　)

1 저는 보통 사람들과는 다르게 태어났습니다. 다른 사람들보다 어머니 배 속에 좀 더 오랜 시간 머물렀는데, 그 때문에 뇌병변 장애[*]판정을 받았습니다. 뇌병변 장애는 뇌의 손상으로 인한 복합적인 장애를 말합니다. 특수 학교를 졸업한 저는 비장애인들처럼 일을 해서 돈을 벌고 싶었지만 일을 할 수 없었습니다. 장애인을 고용하려는 곳이 없었기 때문입니다.

2 우리나라 전체 고용률은 66%에 달하지만 장애인의 고용률은 36%에 불과합니다. 저 같은 [*]중증 장애인의 고용률은 이보다 더 낮습니다. 그래서 우리나라는 법으로 공공 기관과 일정 규모 이상의 기업에 장애인 의무 고용률을 정해 지키도록 하고 이를 어기면 고용 부담금을 내게 합니다. 현재 정부 및 공공 기관의 장애인 의무 고용률은 3.4%, 민간 업체(상시 50인 이상 규모)는 3.1%지만 2018년 30대 대기업의 장애인 고용률은 2.14%에 그쳤습니다. 장애인을 고용하는 것보다 고용 부담금을 벌금처럼 내는 게 저렴하고 편리하기 때문입니다. 저는 모든 기업이 장애인 고용률을 더 높일 수 있도록 노력해야 한다고 생각합니다.

3 장애인의 고용을 늘리려면 먼저 장애인 노동에 대한 ⟨ ㉠ ⟩부터 바꾸어야 합니다. 장애인은 업무 속도가 느리고, 생산성도 떨어지며, 반드시 누군가의 도움을 받아야만 한다고 생각하는 사람들이 많을 것입니다. 그러나 이것은 편견에 불과합니다. 비장애인들도 자신의 적성과 능력에 맞지 않는 일을 하면 어려움을 겪듯이, 장애인들도 마찬가지입니다. 장애인을 편견으로 바라보기 전에 개개인의 특성을 이해하고, 각자의 적성과 능력에 맞는 일을 찾아 주고자 하는 ⟨ ㉡ ⟩의 변화가 필요합니다.

4 그리고 장애인에게 적합한 공공 일자리를 더 많이 마련해야 합니다. 우리나라에는 다양한 공공 기관이 있으므로, 장애인에게 적합한 일자리를 충분히 제공할 수 있습니다. 예를 들어, 장애인 복지와 관련된 기관에서 자신의 경험을 바탕으로 복지 정책에 대한 제안을 하는 일이나 장애인 인권 [*]침해와 같은 어려움을 해결해 주는 일은 장애인도 충분히 할 수 있는 일입니다. 공공 기관에서의 장애인 고용이 성공적으로 이루어진다면, 민간 기업에서의 장애인 고용률도 자연스럽게 높아질 것입니다.

5 우리나라 헌법에서는 "⟨ ㉢ ⟩"고 밝히고 있습니다. 일할 수 있는 권리는 장애인을 포함한 모든 국민이 누려야 할 권리이자 의무입니다. 장애인 노동에 대한 인식을 바꾸고 장애인들에게 적합한 공공 일자리를 늘린다면 저 같은 장애인도 비장애인과 함께 일할 수 있는 건강하고 평등한 사회가 될 수 있습니다.

* 판정: 판별하여 결정함.

* 중증 장애인: 일상생활 및 사회생활이 불편할 정도로 장애가 매우 심한 사람.

* 침해: 침범하여 해를 끼침.

1

주제

글쓴이의 주장으로 알맞은 것은 무엇인가요? (　　　)

① 고용 부담금을 더 줄여야 한다.

② 장애인 고용률을 더 높여야 한다.

③ 장애 판정 방법을 바꾸어야 한다.

④ 비장애인 고용률을 더 낮추어야 한다.

⑤ 장애인과 비장애인을 구분 짓는 명칭을 없애야 한다.

2

내용 이해

이 글의 내용과 일치하지 <u>않는</u> 것은 무엇인가요? (　　　)

① 비장애인보다 장애인의 고용률이 낮다.

② 중증 장애인의 고용률은 36%보다 더 낮다.

③ 30대 대기업의 장애인·고용률은 점점 증가하고 있다.

④ 장애인을 고용하기보다 고용 부담금을 내는 기업이 많다.

⑤ 장애인 의무 고용률은 민간 업체보다 공공 기관이 더 높다.

3

짜임

❶~❺ 중에서 본론에 해당하는 문단의 번호를 모두 쓰세요.

(　　　　　　　　　)

4

추론

㉠과 ㉡에 공통으로 들어갈 낱말로 알맞은 것은 무엇인가요? (　　　)

① 시대　　　　　　② 정보　　　　　　③ 인식

④ 적성　　　　　　⑤ 능력

5
추론

ⓒ에 들어갈 수 있는 헌법 조항을 두 가지 고르세요. (   )

① 모든 국민은 근로의 의무를 진다.

② 모든 국민은 근로의 권리를 가진다.

③ 국가는 모성 보호를 위하여 노력하여야 한다.

④ 모든 국민은 법률이 정하는 바에 의하여 납세의 의무를 진다.

⑤ 국가 유공자·상이군경 및 전몰군경의 유가족은 법률이 정하는 바에 의하여 우선적으로 근로의 기회를 부여받는다.

6
비판

다음 중 주장의 타당성을 잘못 비판한 친구는 누구인지 쓰세요.

> 희재: 장애인 고용률이 낮은 지금 상황에서 글쓴이의 주장은 중요해.
>
> 영우: 장애인 노동에 대한 편견을 지적하며 그러한 편견을 버려야 한다는 근거는 글쓴이의 주장을 잘 뒷받침하고 있어.
>
> 명신: 인권 침해의 경우 인권 전문가보다 장애인이 상담하는 것이 더 친근하므로, 장애인의 공공 일자리에 대한 예로 타당해.

(   )

7
적용·창의

이 글의 글쓴이가 다음 사례를 보고 보일 반응으로 알맞은 것에 ○표 하세요.

> 스웨덴에 있는 '삼할(Samhall)'은 국가가 장애인 고용을 위해 만든 사회적 기업이다. 장애인은 국가 노동 시장 위원회에서 일자리를 찾는데, 만약 찾지 못할 경우 이 기업에 취업할 수 있다. 이 기업에서는 장애인에게 일자리를 제공해 줄 뿐만 아니라 체계적인 교육과 훈련을 통해 일반 직장으로 진출할 수 있도록 도와주고 있다.

(1) 스웨덴에서 사회적 기업을 만든 것은 장애인이 공공 일자리를 얻는 것을 막기 위해서군. (   )

(2) 이 사례로 보아 장애인들이 공공 일자리뿐만 아니라 민간 기업에서도 충분히 일할 수 있다는 것을 알 수 있군. (   )

(3) 스웨덴에서는 사회적 기업을 만들어 장애인 노동과 비장애인 노동을 철저히 구분하고 있다는 것을 알 수 있군. (   )

어휘력 강화

낱말의 뜻

1 다음과 같은 뜻을 가진 낱말을 보기에서 찾아 쓰세요.

> **보기**   판정   적성   침해   생산성

(1) (   ): 판별하여 결정함.

(2) (   ): 침범하여 해를 끼침.

(3) (   ): 생산하는데 들어간 비용과 그에 따른 생산량의 비율.

(4) (   ): 어떤 일에 알맞은 성질이나 적응 능력. 또는 그와 같은 소질이나 성격.

헷갈리기 쉬운 말

2 보기를 참고하여 다음 문장에 알맞은 낱말을 (   ) 안에서 골라 ◯표 하세요.

> **보기**
> • 늘이다: 본디보다 더 길어지게 하다.
> • 늘리다: 수나 분량 따위를 본디보다 더 많아지게 하다.

(1) 엿가락을 길게 (늘렸다, 늘였다).

(2) 바짓단을 더 (늘려서, 늘여서) 입어야겠다.

(3) 장애인에게 적합한 공공 일자리를 (늘려야, 늘여야) 한다.

(4) 지금보다 운동량을 (늘리면, 늘이면) 체중이 줄게 될 것이다.

속담

3 다음 내용과 어울리는 속담에 ◯표 하세요.

> 우리나라 전체 고용률은 66%지만 장애인의 고용률은 36%에 불과하며, 중증 장애인의 고용률은 이보다 더 낮아   한다.

(1) 꿩 대신 닭 (   )   (2) 가물에 콩 나듯 (   )

(3) 구렁이 담 넘어가듯 (   )   (4) 잘 되면 제 탓 못되면 조상 탓 (   )

가 고래를 위하여

정호승

⊙푸른 바다에 고래가 없으면
푸른 바다가 아니지
마음속에 푸른 바다의
고래 한 마리 키우지 않으면
청년이 아니지

푸른 바다가 고래를 위하여
푸르다는 걸 아직 모르는 사람은
아직 사랑을 모르지

고래도 가끔 *수평선 위로 *치솟아 올라
ⓒ별을 바라본다
나도 가끔 내 마음속의 고래를 위하여
밤하늘 별들을 바라본다

● 지문의 난이도
상 중 하

● 문제의 난이도
상 중 하

낱말 뜻

*수평선: 물과 하늘이 맞닿아 경계를 이루는 선.
*치솟아: 위쪽으로 힘차게 솟아.

나 어린 왕자

생텍쥐페리

나는 그 작품을 어른들에게 보여 주면서 무서운지 물어보았다. 어른들은 ⓒ모자가 뭐가 무섭냐고 대답했다.

나는 모자를 그린 게 아니었다. 그것은 삼킨 코끼리를 소화시키는 ㉣보아 구렁이였다. 나는 어른들이 알아볼 수 있게 보아 구렁이의 배 속에 코끼리를 그렸다. 어른들은 언제나 자세한 설명을 해 주어야 한다. 이것이 내 두 번째 그림이었다.

내 그림을 본 어른들은 대뜸 나더러 속이 보이건 안 보이건 간에 보아 구렁이 그림 따위는 집어치우고 차라리 지리나 역사, 국어, 수학 공부를 열심히 하라고 충고했다. 이 일로 나는 여섯 살 때 훌륭한 화가가 되려고 했던 꿈을 포기했다. 내 첫 번째와 두 번째 그림이 형편없다는 말 때문에 *낙담하고 만 것이다. 어른들은 혼자서는 아무것도 이해하지 못해 시시콜콜 설명해 주어야 한다. 어린아이에게는 이렇게 매번 설명하는 일이 여간 힘들고 피곤한 일이 아니다.

그래서 하는 수 없이 다른 직업을 선택한 나는 비행기 *조종하는 법을 배웠다. 나는 안 다녀 본 곳이 없을 정도로 세계 곳곳을 날아다녔다. 나에게 ㉤지리 공부는 많은 도움이 되었다. 처음 가 본 곳이 중국인지 애리조나인지 단번에 구별할 수 있었다. 밤에 길을 잃었을 때도 지리 공부가 매우 큰 도움이 되었다.

나는 살아오는 동안 자기 일에 성실한 사람들과 많이 만났다. 오랫동안 어른들과 살면서 그들을 아주 가까이에서 볼 수 있었다. 그렇다고 해서 어른에 대한 내 생각이 달라지지는 않았다.

나는 똑똑해 보이는 어른을 만나면 내 첫 번째 그림을 보여 주면서 시험해 보았다. 나는 그 사람이 내 그림을 잘 이해하는지 알아보고 싶었다. 그러나 그때마다 사람들의 대답은 한결같았다.

"근사한 모자로군."

그러면 나는 보아 구렁이니, *원시림이니, 별이니 하는 이야기는 꺼내지도 않았다. 대신 그런 사람들과는 그들이 알아들을 수 있는 이야기만 하게 되었다. ㉥카드 놀이나 골프, 정치, 넥타이 등에 대해 이야기하는 것이다. 그러면 그 어른들은 나처럼 똑똑하고 상식이 풍부한 사람을 알게 된 것을 몹시 기뻐하며 만족해했다.

낱말 뜻

*낙담하고: 바라던 일이 뜻대로 되지 않아 마음이 몹시 상하고.
*조종하는: 비행기나 선박, 자동차 따위의 기계를 다루어 부리는.
*원시림: 사람의 손이 가지 아니한 자연 그대로의 삼림.

1

내용 이해

시 **가**와 글 **나**에 나타난 공통적인 특징으로 알맞은 것은 무엇인가요? (   )

① 제목에 말하는 이가 나타난다.

② 자연물을 소재로 주제를 표현하고 있다.

③ 작품 속에 말하는 이가 드러나지 않았다.

④ 구체적인 사물로 추상적인 의미를 나타내고 있다.

⑤ 말하는 이가 작품 밖에서 관찰한 내용을 알려 주고 있다.

2

주제

시 **가**와 글 **나**의 공통적인 주제로 알맞은 것은 무엇인가요? (   )

① 다른 사람과 어울리며 살아야 한다.

② 현실적인 가치를 추구하며 살아야 한다.

③ 자연을 보호하고 동물을 사랑해야 한다.

④ 꿈과 목표, 이상을 추구하며 살아야 한다.

⑤ 삶의 실패를 겪더라도 어른이 되려고 노력해야 한다.

3

내용 이해

시 **가**에서 다음과 같은 의미를 가진 시어를 찾아 쓰세요.

> 푸른 바다에 살고 별을 바라보며 꿈과 희망, 목표를 추구하는 존재이다.

(   )

4

어휘·표현

보기의 내용을 ㉠과 같이 표현한 까닭으로 알맞지 <u>않은</u> 것은 무엇인가요? (   )

보기　　　　　　인생에 꿈이 없으면 / 의미 있는 삶이 아니다.

① **보기**보다 ㉠이 문장의 의미가 직접적으로 전해지기 때문이다.

② **보기**보다 ㉠이 문학적인 아름다움을 더 느낄 수 있기 때문이다.

③ **보기**보다 ㉠이 말하고자 하는 바를 인상적으로 전달하기 때문이다.

④ **보기**보다 ㉠이 말하고자 하는 바를 깊이 생각해 보게 하기 때문이다.

⑤ **보기**보다 ㉠이 말하고자 하는 바를 풍부하게 전달할 수 있기 때문이다.

5

감상

시 가에 대한 생각이나 느낌을 알맞게 말하지 <u>못한</u> 친구는 누구인지 쓰세요.

> 혜민: 나도 마음속의 고래를 위해 꿈을 잃지 않고 살아갈 거야.
>
> 윤호: 아직 꿈을 찾지 못해 방황하는 내 모습이 시에서 말하는 청년 같다고 생각했어.
>
> 서준: 우리 부모님은 내 꿈을 항상 응원해 주셔. 자유롭게 꿈꿀 수 있는 지금 이곳이 시 속의 푸른 바다 같아.
>
> 재인: 나는 수영 선수가 되려는 꿈을 이루기 위해 오늘도 열심히 연습하려고 해. 시 속의 별을 바라보는 고래처럼 말이야.

(   )

6

추론

ⓛ～ⓗ 중에서 상징적인 의미가 관련 있는 것끼리 짝 지은 것은 무엇인가요? (   )

① ⓛ, ⓒ   ② ⓛ, ⓡ   ③ ⓒ, ⓡ

④ ⓡ, ⓜ   ⑤ ⓡ, ⓗ

7

적용·창의

글 나의 상황과 비슷한 경험을 골라 ◯표 하세요.

(1) 나는 어릴 때부터 형편이 어려운 사람을 치료해 주는 의사가 되고 싶었다. 부모님도 응원해 주셔서 꿈을 이룰 수 있었다. (   )

(2) 나는 모형 비행기 만드는 일을 좋아해서 그 시간을 소중하게 여기는데, 부모님은 가치 없는 일에 시간을 낭비한다고 생각하신다. 그래서 가끔 부모님과 의견 충돌이 일어난다. (   )

(3) 나는 아침에 일찍 일어나는 아침형 인간이지만 게임을 좋아하는 동생은 밤늦게까지 게임을 하는 저녁형 인간이다. 생활하는 시간과 모습이 다르기 때문인지 성격이나 생각도 아주 다르다. (   )

(4) 나는 아버지와 함께 어렸을 때 갔던 경주로 다시 여행을 갔다. 어렸을 때는 무척 높았다고 느꼈던 첨성대가 생각보다 높지 않아서 놀랐다. 불국사와 석굴암도 어렸을 때 느꼈던 것보다 작아진 느낌이었다. (   )

❶			❷	❸	
			❹		
		❺			
	❻			❼	❽
❾					

가로 →

❶ 지역, 학교, 직업 등에 의해 정해지는 사회적 신분이나 이력.
예 우리 아버지는 서울 ○○이시다.

❷ 물과 하늘이 맞닿아 경계를 이루는 선.

❺ 어떤 직무나 임무에 힘씀. 예 군 ○○.

❼ 판별하여 결정함.

❾ 생활이나 행동 또는 목적 따위를 같이하는 집단.

세로 ↓

❶ 시합이나 경기 따위에 나감.

❸ 세상에 태어나서 죽을 때까지의 동안.

❹ 직장 같은 곳에서 맡아서 하는 일.
예 어머니께서는 은행에서 수납 ○○를 담당하고 계신다.

❻ 사람이 필요한 음식이나 물자를 얻기 위하여 육체적으로나 정신적으로 하는 일.

❽ 조선 시대, 군역에 복무하던 장정.

정답 및 해설 16쪽에서 확인하세요.

다음 빈칸에 들어갈 모양은 무엇일까요?
같은 종류의 모양을 체크해 보세요. 그리고 그 모양이 어떻게 위치를 바꾸는지
살펴보면 다음에 어떤 모양이 들어갈지 추측할 수 있어요.

정답 및 해설 16쪽에서 확인하세요.

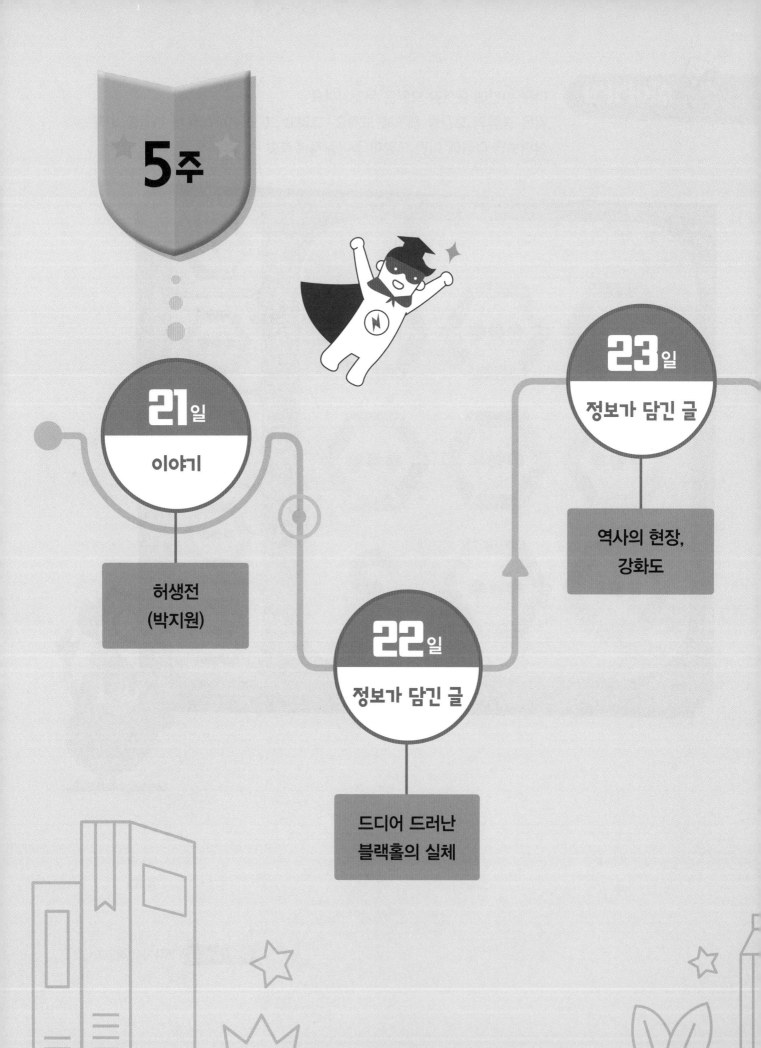

5주

21일
이야기

허생전
(박지원)

22일
정보가 담긴 글

드디어 드러난
블랙홀의 실체

23일
정보가 담긴 글

역사의 현장,
강화도

25일

최상위 독해

- 폭포와 분수(이어령)
- 동서양 사고방식의 차이

24일

의견이 담긴 글

신조어를
유연하게
받아들이자

허생전

박지원

1 허생은 묵적골에 살았다. 남산 밑 골짜기로 곧장 가면, 우물 위에 해묵은 은행나무가 높이 서 있고 허생의 집 사립문은 은행나무를 향해 열려 있다. 집이라야 두어 칸 되는 초가집은 비바람에 쓰러져 가는 오막살이였다. 그러나 허생은 비바람이 새는 것은 아랑곳하지 않고 언제나 글 읽기만을 좋아하였으므로 그 아내가 삯바느질을 해서 겨우 ㉠입에 풀칠을 했다.

어느 날 허생의 아내가 배고픈 것을 참다 못해 울면서 말했다.

"당신은 한평생 과거도 보지 않으니 글은 읽어 무엇 합니까?"

그러자 허생이 웃으며 대답했다. / "내 아직 글을 읽는 것이 서툴러서 그렇소."

"그렇다면 *장인바치 일도 못 하시나요?"

"장인바치 일은 본래 배우지 않았으니 어떻게 하겠소?"

"그렇다면 장사라도 해야지요."

"장사를 하려 해도 밑천이 없으니 어떻게 하겠소?"

아내는 드디어 역정을 냈다.

"당신은 밤낮 없이 글만 읽더니, '어떻게 하겠소' 소리만 배웠소? 장인바치 일도 못 한다, 장사도 못 한다, 그럼 도둑질도 못 하시나요?"

이 말을 들은 허생은 책장을 덮고 벌떡 일어섰다. (중략)

2 그는 바로 종로 거리로 나가서 길 가는 사람을 붙들고 물었다.

"한양에서 제일가는 부자가 누구요?"

그 사람은 장안에서 제일가는 부자가 변 씨라고 알려 주었다. 허생은 곧 변 씨의 집을 찾아가 한참 *읍(揖)을 한 후에 말했다.

"내 집이 가난하여 장사 밑천이 없소이다. 무엇을 좀 시험해 보고 싶으니 나에게 돈을
일만 냥만 빌려주시오."

허생의 말을 듣고 변 씨는 당장 그 자리에서 일만 냥을 내주었다. 허생은 고맙다는 인사한 마디 없이 일만 냥을 가지고 가 버렸다.

허생은 만 냥을 손에 넣자 집에 들르지 않고 안성으로 내려갔다. 안성은 경기도와 충청도 사람들이 마주치는 곳이요, 삼남의 길목이기 때문이었다. 다음 날부터 그는 시장에 나가서 대추·밤·감·배·석류·귤·유자 따위의 과일이란 과일은 모두 사들였다. 파는 사람이 부르는 대로 값을 다 주고 팔지 않는 사람에게는 *시세의 배를 주고 샀다.

이렇게 되자 오래지 않아 나라 안의 과일이란 과일이 모두 바닥이 났다. 대신들의 집에서 잔치나 제사를 지내려고 해도 과일을 구경하지 못해 제사상도 제대로 갖추지 못할 형편이었다. 이번에는 과일 장수들이 허생에게 달려와서 열 배를 주고 과일을 다시 사 갔다.

ⓛ"겨우 만 냥으로 나라를 기울게 할 수 있다니, 나라의 [*]심천(深淺)을 알 만하도다!"

허생은 길게 한숨을 내쉬며 말했다.

---

* 장인바치: '장인(손으로 물건을 만드는 일을 작업으로 하는 사람)'을 낮잡아 이르는 말.
* 읍(揖): 두 손을 맞잡아 얼굴 앞으로 들어 올리고 허리를 앞으로 공손히 구부렸다가 몸을 펴면서 손을 내리는 인사법.
* 시세: 일정한 시기의 물건값.
* 심천: 깊음과 얕음.

1

내용 이해

이 글에 대한 설명으로 알맞지 <u>않은</u> 것은 무엇인가요? (   )

① 조선과 중국을 배경으로 삼고 있다.

② 허생의 행적을 따라 이야기가 전개되고 있다.

③ 주인공을 통해 글쓴이의 사상을 드러내고 있다.

④ 구체적인 지명을 제시하여 현실성을 높이고 있다.

⑤ 중심 사건은 허생이 학문을 접고 장사를 하여 큰돈을 벌게 된 일이다.

2

짜임

글 ❶은 이야기의 짜임 중에서 어디에 해당하는지 ○표 하세요.

발단	전개	절정	결말

3

내용 이해

허생에 대한 설명으로 알맞지 <u>않은</u> 것은 무엇인가요? (   )

① 가난하지만 당당한 태도를 가지고 있다.

② 당시의 경제 구조에 비판적인 태도를 보인다.

③ 학문을 하는 목적은 과거 급제라고 생각한다.

④ 생계에 관심이 없어 아내와 갈등을 겪고 있다.

⑤ 글 읽기를 통해 학문적 성취를 이루려고 한다.

4 허생의 아내와 변 씨의 성격을 짝 지은 것으로 알맞은 것에 ○표 하세요.

추론

허생의 아내	변 씨	
(1) 현실적이다.	대범하다.	( )
(2) 참을성이 없다.	욕심이 많다.	( )
(3) 남편에게 순종적이다.	타인에게 인자하다.	( )

5 이 글에 나타난 시대 상황으로 알맞지 <u>않은</u> 것은 무엇인가요? ( )

추론

① 양반이라도 돈이 없으면 장사를 해서 돈을 벌 수 있었다.

② 생계조차 이어 나가기 힘들 정도로 몰락한 양반이 생겨났다.

③ 양반은 아니지만 돈을 많이 벌어 부를 쌓은 거상이 등장했다.

④ 안성은 사람과 물건이 한데 모이는 경제와 문화의 중심지였다.

⑤ 신분 질서가 철저하여 아무리 부자라도 양반의 말을 거절할 수 없었다.

6 ㉠의 뜻으로 알맞은 것은 무엇인가요? ( )

어휘·표현

① 말을 못 했다. ② 버릇이 되었다.

③ 근근이 살아갔다. ④ 매우 부유하게 살았다.

⑤ 비위를 맞추려고 아부했다.

7 다음 내용을 참고하여 ㉡에서 글쓴이가 비판하려고 한 사회 모습으로 알맞은 것을 두 가지 고르세요. ( )

적용·창의

> 이 글에서 허생이 모두 거두어 산 대추·밤·감·배·석류·귤·유자 따위의 과일은 잔치나 제사를 지낼 때 꼭 필요한 재료였다. 당시 양반들은 제사 같은 예도를 매우 중시했기 때문에 가격이 열 배나 올라도 과일을 구매했다.

① 양반들이 과일을 독점하는 것을 비판하고 있다.

② 나라의 경제 규모나 형편이 허약한 것을 비판하고 있다.

③ 평민에게는 비싸게 팔고 양반에게는 싸게 파는 장사꾼들을 비판하고 있다.

④ 실속 없이 겉으로만 거창하게 꾸미는 양반들의 허례허식을 비판하고 있다.

⑤ 경제적인 활동보다 정신적인 수양만 중요하게 여기는 양반들을 비판하고 있다.

📖 어휘력 강화

낱말의 뜻

1 다음과 같은 뜻을 가진 낱말을 〈보기〉에서 찾아 쓰세요.

| **〈보기〉** | 시세 | 밑천 | 승낙 | 탄식 |

(1) ( ): 청하는 바를 들어줌.

(2) ( ): 일정한 시기의 물건값.

(3) ( ): 한탄하여 한숨을 쉼. 또는 그 한숨.

(4) ( ): 어떤 일을 하는 데 바탕이 되는 돈이나 물건, 기술, 재주 따위를 이르는 말.

비슷한말

2 다음 밑줄 친 낱말과 뜻이 비슷한 낱말에 ○표 하세요.

(1) <u>본래</u> 이곳에는 아무도 살지 않았다. (본디, 부디)

(2) 삯바느질을 해서 번 돈으로 <u>겨우</u> 생계를 유지했다. (벌써, 가까스로)

(3) 동생은 우리나라에서 <u>제일가는</u> 부자가 되고 싶어 한다. (버금가는, 으뜸가는)

사자성어

3 다음 빈칸에 들어갈 사자성어로 알맞은 것에 ○표 하세요.

> 집에 비바람이 새는 것도 아랑곳하지 않고 글 읽기만 했던 〔   〕 허생은 아내와의 갈등에 책을 덮고 세상으로 나와 변 씨에게 만 냥을 빌려 조선의 경제를 쥐락펴락하였다.

(1) 백전노장(百戰老將) → 수많은 싸움을 치른 노련한 장수. ( )

(2) 백면서생(白面書生) → 한갓 글만 읽고 세상일에는 전혀 경험이 없는 사람. ( )

2019년 4월 10일, 세계 최초로 처녀자리 은하단에 있는 M87의 중심부에 있는 블랙홀을 관측했다는 뉴스가 보도되면서 전 세계가 들썩였다. 그동안 이론과 간접 증거로만 존재했던 블랙홀이 그 실체를 드러낸 것이다. ㉠중력의 감옥이라고 불리는 ㉡신기한 천체, 블랙홀은 어떻게 우리 앞에 모습을 드러냈을까?

㉮블랙홀은 중력이 너무 커서 빛을 포함한 모든 물질이 빠져나가지 못하는 천체를 뜻한다. 이 개념은 1783년 존 미첼이라는 영국 과학자의 상상력에서 탄생했다. 그는 우주에 빛조차 탈출할 수 없는 ㉢'검은 별'이 수없이 존재할 것이라고 예측했다. 130여 년이 지난 1915년에 아인슈타인이 일반 상대성 이론을 발표하면서 블랙홀은 과학적 연구의 대상이 되었다. 이후 1967년에 미국 물리학자 존 휠러가 블랙홀이라는 용어를 처음 사용했다.

블랙홀은 거대한 별이 수명을 다할 때 폭발적으로 수축하면서 생겨난다. 별이 수축하는 정도가 심하면 그 중심에 물질의 *밀도와 중력이 무한대인 '특이점'이 만들어지는 것이다. 이 특이점 때문에 블랙홀은 강한 중력으로 주변의 천체나 가스 같은 물질뿐 아니라 빛마저 흡수해 버린다. 빛조차 탈출할 수 없는 이 공간의 경계면을 ㉣'사건의 지평선'이라고 부른다.

㉯빛조차 빠져나올 수 없는 블랙홀은 직접 촬영하거나 관측하기 어렵다. 그래서 기존에는 간접적인 방법으로 블랙홀의 존재를 관측했다. 첫 번째는 블랙홀에서 나오는 엄청난 양의 X선을 관측하는 것이다. 1964년 인류는 백조자리 X-1 천체에서 *발산되는 엄청난 양의 X선을 관측하면서 X-1이 블랙홀임을 최초로 발견했다. 두 번째 방법은 블랙홀 주변 천체들의 움직임을 관찰하는 것이다. 과학자들은 우리 은하 중심부를 수년에 걸쳐 관측한 결과, 주변 천체들이 ㉤아무런 빛이 발견되지 않는 지점을 중심으로 *공전 운동을 하고 있는 것을 알아냈다. 천체가 공전 운동을 하려면 기준이 되는 천체가 필요한데, 만약 텅 빈 공간을 중심으로 회전하는 천체가 있다면 그 텅 빈 공간에 블랙홀이 있을 가능성이 높다고 보는 것이다.

이와 같은 과학적 성과를 바탕으로 전 세계의 과학자가 사건의 지평선 망원경 프로젝트에 참여해 2019년 최초로 블랙홀을 실제 관측했다. 우리나라를 비롯해 전 세계에서 모인 과학자들은 전 세계 6개 대륙에 있는 8개의 전파 망원경을 네트워크로 연결해 지구만큼 큰 가상의 망원경을 만들어 냈다. 그리고 각 망원경에서 관측된 매우 많은 양의 정보를 하나의 데이터로 만들어 냈다. 그 결과 마침내 블랙홀의 모습이 한 장의 사진으로 인류에게 공개됐다. 검은 중심부인 블랙홀과 주변으로 '사건의 지평선'이라고 불리는 블랙홀의 그림자가 드러나 있고, 고리 모양의 빛이 블랙홀을 휘감고 있는 붉은 도넛 모양의 사진이었다.

*밀도: 빽빽이 들어선 정도.
*발산되는: 냄새, 빛, 열 따위가 사방으로 퍼져 나가는.
*공전: 한 천체가 다른 천체의 둘레를 주기적으로 도는 일.

1 주제

이 글의 제목으로 알맞은 것은 무엇인가요? (   )

① 블랙홀의 종류
② 블랙홀을 외면한 과학자들
③ 드디어 드러난 블랙홀의 실체
④ 상상 속에서만 존재하는 블랙홀
⑤ 아인슈타인, 상대성 이론을 발표하다

2 내용 이해

이 글의 내용과 일치하지 <u>않는</u> 것은 무엇인가요? (   )

① 2019년에 블랙홀을 실제로 관측하는 데 성공했다.
② 인류가 최초로 발견한 블랙홀은 백조자리 X-1이다.
③ 존 미첼은 블랙홀이라는 개념을 처음으로 생각해 냈다.
④ 블랙홀은 거대한 별이 만들어질 때 중력의 힘으로 생겨난다.
⑤ 블랙홀에서는 중력 때문에 빛을 포함한 모든 물질이 빠져나가지 못한다.

3 내용 이해

㉠~㉤ 중 블랙홀을 가리키는 낱말이 <u>아닌</u> 것의 기호를 쓰세요.

(   )

4 짜임

㉮와 같은 설명 방법이 사용된 문장에 ○표 하세요.

⑴ 국토는 국가의 주권이 미치는 영역을 이른다. (   )
⑵ 온돌은 부뚜막, 구들장, 부넘기, 개자리, 굴뚝 등으로 이루어진다. (   )
⑶ 악기는 소리 내는 방법에 따라 현악기, 관악기, 타악기로 나눌 수 있다. (   )

5 다음 중 이 글에 어울리는 자료에 ○표 하세요.

추론

(1)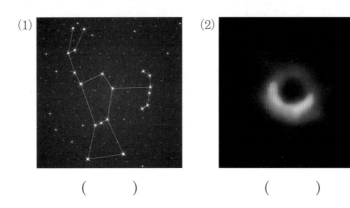

(   )

(2)

(   )

(3)

(   )

6 이 글의 신뢰성을 알맞게 판단하지 **못한** 친구는 누구인지 쓰세요.

비판

> 유미: 블랙홀과 관련된 여러 과학자들의 이름을 밝혀서 신뢰성을 얻고 있어.
> 재환: 블랙홀의 생성 원리와 관련된 실험 과정을 밝혀서 신뢰성을 얻고 있어.
> 선우: 뉴스에 보도된 내용을 바탕으로 블랙홀 관측 시기와 과정 등을 밝혀서 신뢰성을
>   얻고 있어.

(   )

7 다음 내용을 바탕으로 ④의 까닭을 알맞게 짐작한 것은 무엇인가요? (   )

적용·창의

>   카메라를 이용하여 사진을 찍는다는 것은 빛을 담아낸다는 의미이다. 사람의 눈이
> 나 카메라가 사물을 보고 기록할 수 있는 것은 바로 그 사물에서 반사된 빛 때문이다.
> 물체에서 반사된 빛들이 렌즈를 지나 필름에 물체의 상을 맺는다.

① 블랙홀이 망원경에 비친 빛을 반사하기 때문이다.
② 블랙홀이 우주에서 지구보다 더 먼 곳에 있기 때문이다.
③ 블랙홀은 빛을 흡수하기만 할 뿐 반사하지 않기 때문이다.
④ 블랙홀이 망원경이 파악할 수 없는 빛을 만들어 내기 때문이다.
⑤ 블랙홀 주변의 별들이 빛을 흡수해 블랙홀만 밝게 보이기 때문이다.

어휘력 강화

1 다음과 같은 뜻을 가진 낱말을 ◎보기◎에서 찾아 쓰세요.

> **◎ 보기 ◎**　　　예측　　　수축　　　발산　　　관측

(1) (　　　　　　　　): 미리 헤아려 짐작함.

(2) (　　　　　　　　): 부피나 규모가 줄어듦.

(3) (　　　　　　　　): 자연 현상을 관찰하여 측정하는 일.

(4) (　　　　　　　　): 냄새, 빛, 열 따위가 사방으로 퍼져 나감.

헷갈리기 쉬운 말

2 ◎보기◎를 참고하여 다음 문장에 알맞은 낱말을 (　　　) 안에서 골라 ○표 하세요.

> **◎ 보기 ◎**　　있던 것을 찾아냈으면 '발견'이라 하고, 없던 것을 만들어 냈으면 '발명'이라고 한다.

(1) 1964년에 최초의 블랙홀이 (발견되었다, 발명되었다).

(2) 나침반이 (발견되어, 발명되어) 방향을 쉽게 찾을 수 있게 되었다.

(3) 인쇄술의 발달은 금속 활자가 (발견된, 발명된) 이후에 이루어졌다.

(4) 신석기 시대의 유적은 큰 강가나 바닷가에서 (발견되고, 발명되고) 있다.

관용어

3 다음 빈칸에 들어갈 관용어로 알맞은 것에 ○표 하세요.

> 　　전 세계의 과학자들이 참여한 사건의 지평선 망원경 프로젝트를 통해 우리는 블랙홀을 볼 수 있었다. 과학자들의 노력이 드디어 　　　　　　　 된 것이다.

(1) 불을 끄게 (　　　　)　　　　　　(2) 벽을 쌓게 (　　　　)

(3) 빛을 보게 (　　　　)　　　　　　(4) 뒷짐을 지게 (　　　　)

1 우리 가족은 유적지를 탐방하기 위해 강화도에 가기로 했다. 가까운 곳이지만 주말이면 늘 차가 막히는 곳이라 우리는 새벽부터 준비를 서둘렀다. 출발한 지 한 시간쯤 지나자 창밖으로 초지대교 방향을 알리는 표지판이 나타났다. 아빠는 이 다리만 지나면 강화도라고 하시며, 강화도가 옛날부터 교통이 발달했던 곳이라고 알려 주셨다.

2 ㉠아빠의 이야기가 끝날 때쯤 우리는 초지대교에 다다랐다. 얼마 가지 않아 우뚝 솟아 있는 소나무와 성벽이 보였다. 길 옆에 바로 보이는 곳이 초지진이었다. ㉡아빠는 초지진이 바다에서 쳐들어오는 적군을 막기 위해 세운 요새라고 알려 주셨다. 또, 이곳이 *신미양요가 일어났을 때 미군이 조선에 *통상을 요구하며 처음 상륙했던 곳이라고 알려 주셨다. ㉢조선군이 외국 군대들과 싸웠던 역사의 현장을 직접 눈으로 볼 수 있다니 가슴이 뛰었다.

3 초지진 입구에 들어서자 성벽으로 둘러싸인 탁 트인 마당 한가운데 전각이 한 채 보였다. 가까이 다가가 보니 전각 속에 대포 하나가 전시되어 있었다. 강화도에 오기 전 읽은 책에 의하면 이 대포는 '홍이포'라고 하는데, 일제 강점기에 한 일본 고관이 자기 별장에 기둥 밑받침으로 썼던 것을 광복 후에 장택상 씨가 보관했다가 초지진을 복원할 때 장택상 씨의 아들이 기증한 것이라고 한다. 대포 하나에도 우리나라가 겪었던 아픈 역사들이 모두 새겨져 있다고 생각하니 ㉮가슴이 저며 왔다.

4 ㉣전등사 동문 주차장에 차를 세운 우리 가족은 정족산성의 동문을 지났다. 전등사 안으로 들어와 길을 따라 가다 보면 '대조루'라는 누각이 보인다. 대조루 아래로 빠져나와 계단을 오르니 드디어 눈앞에 전등사의 풍경이 펼쳐졌다.

5 가장 먼저 보이는 대웅보전을 지나면 서쪽으로 향로전과 약사전, 명부전의 부속 건물들이 차례로 보인다. 가장 크고 멋있어 보였던 대웅보전부터 들렀다. ㉤건물 안에는 나무를 깎아 만든 불상인 석가여래 삼존불이 있었다. 부처님을 모신 불단은 *닫집을 둘러 장식했고 불상 뒤의 탱화도 화려해서 절에서 가장 중요한 공간답다. 대웅전을 구경하고 나와 밖에서 건물을 바라보니 처마가 위로 들린 팔작지붕이 멋들어졌다. 아빠는 전등사가 고구려 소수림왕 때 지어진 절이라고 하셨다. ㉥내가 삼국 시대에 지어진 절을 보고 있다니, 마치 타임머신을 타고 삼국 시대에 와 있는 것처럼 신기하고 묘한 기분이 들었다.

*신미양요: 조선 고종 8년(1871)에 미국 군함이 강화도 해협에 침입한 사건.
*통상: 나라들 사이에 서로 물품을 사고팖. 또는 그런 관계.
*닫집: 궁전 안의 옥좌 위나 법당의 불좌 위에 만들어 다는 집 모형.

1 　이 글의 특징으로 알맞은 것을 두 가지 고르세요. (   )

내용 이해

① 글쓴이가 여행을 다녀와서 쓴 기행문이다.

② 글쓴이가 강화도를 다녀오기 전에 쓴 수필이다.

③ 글쓴이가 여행 준비 과정을 읽는 이에게 전달하고 있다.

④ 글쓴이가 강화도에 다녀온 경험을 읽는 이에게 전달하고 있다.

⑤ 글쓴이가 강화도와 관련된 문학 작품을 읽는 이에게 전달하고 있다.

2 　**1**~**5**문단을 쓴 방법으로 알맞지 <u>않은</u> 것은 무엇인가요? (   )

짜임

① **1**문단에는 여행의 목적을 썼다.

② **2**문단에는 초지진으로 가는 길에 알게 된 점을 썼다.

③ **3**문단에는 초지진을 관람한 경험에 대해 썼다.

④ **4**문단에는 전등사를 관람한 경험에 대해 썼다.

⑤ **5**문단에는 정족산성을 관람한 경험에 대해 썼다.

3 　㉠~㉺을 여정, 견문, 감상으로 구분하여 각각 기호를 쓰세요.

내용 이해

여정: 여행의 과정이나 일정.	(1)
견문: 보거나 듣거나 하여 깨달아 얻은 지식.	(2)
감상: 마음 속에서 일어나는 느낌이나 생각.	(3)

4 　다음 문장이 들어가기에 알맞은 곳은 어디인가요? (   )

추론

> 초지진을 둘러보고 난 뒤에 향한 곳은 전등사였다.

① **1**문단의 앞부분   ② **2**문단의 뒷부분

③ **3**문단의 앞부분   ④ **4**문단의 앞부분

⑤ **5**문단의 뒷부분

5

어휘·표현

㉮와 바꾸어 쓸 수 있는 말이 <u>아닌</u> 것은 무엇인가요? (　　　)

① 가슴이 아팠다.　　　　　　　　② 가슴이 찔렸다.

③ 가슴이 아렸다.　　　　　　　　④ 가슴이 미어졌다.

⑤ 슬프고 안타까웠다.

6

추론

이 글을 읽고 나서 더 알아볼 내용으로 알맞지 <u>않은</u> 것은 무엇인가요? (　　　)

① 초지진을 복원한 방법

② 신미양요의 과정과 결과

③ 정족산성과 관련된 전설

④ 홍이포를 복원할 수 없는 까닭

⑤ 강화도의 교통이 발달했던 까닭

7

적용·창의

다음 내용을 바탕으로 하여 이 글을 바르게 이해한 것에 모두 ○표 하세요.

『나의 문화유산 답사기』라는 책의 저자로 유명한 유홍준 교수는 바람직한 답사 여행의 모습에 대해 다음과 같이 말했다. 우선 목적지 문화유산에 대한 사전 공부가 꼭 필요하다고 했다. 답사하려는 유물과 유적뿐 아니라 그곳에 얽힌 역사와 인물에 대한 지식이 더해져 그 유래와 의미를 익히면 여행이 더 풍부해지기 때문이다. 또, 널리 알려진 곳뿐 아니라 알려지지 않은 곳도 구석구석 돌아보아야 한다고 말했다. 돌 한 뿌리, 풀 한 포기도 그냥 지나치지 않을 때 참된 안목을 얻을 수 있다는 것이다.

(1) **지효**: 글쓴이가 강화도를 여행하기 전에 지도를 미리 외워 두었더라면 좀 더 다양하고 풍부한 경험을 했을 거야. (　　　)

(2) **현수**: 글쓴이가 홍이포와 관련된 내용을 책에서 보았다고 한 것으로 보아 강화도에 오기 전에 미리 공부한 것은 잘한 일이야. (　　　)

(3) **남희**: 유명 유적지인 초지진이나 전등사뿐만 아니라 연미정이나 월곶돈대와 같이 숨은 명소도 함께 둘러보면 더 좋은 여행이 되었을 거야. (　　　)

(4) **수민**: 글쓴이가 전등사에서 가장 크고 멋있어 보인다고 대웅보전부터 살펴본 것은 잘못이야. 널리 알려진 곳은 항상 마지막에 관람해야 참된 안목을 얻을 수 있어. (　　　)

어휘력 강화

낱말의 뜻

1 다음과 같은 뜻을 가진 낱말을 ○보기○에서 찾아 쓰세요.

> ○ 보기 ○　　　　요새　　　　통상　　　　누각　　　　닫집

(1) (　　　　　　　): 나라들 사이에 서로 물품을 사고팖. 또는 그런 관계.

(2) (　　　　　　　): 궁전 안의 옥좌 위나 법당의 불좌 위에 만들어 다는 집 모형.

(3) (　　　　　　　): 사방을 바라볼 수 있도록 문과 벽이 없이 다락처럼 높이 지은 집.

(4) (　　　　　　　): 군사적으로 중요한 곳에 튼튼하게 만들어 놓은 방어 시설. 또
는 그런 시설을 한 곳.

다의어

2 다음 밑줄 친 낱말이 ○보기○와 같은 뜻으로 쓰인 것에 ○표 하세요.

> ○ 보기 ○　　초지진이 신미양요가 <u>일어났을</u> 때 미군이 조선에 통상을 요구하며 처음 상
> 륙했던 곳이라고 알려 주셨다.

(1) 종이 치자마자 의자에서 벌떡 <u>일어났다</u>. 　　　　　　　　　　　　　　　　　(　　)

(2) 아침 일찍 <u>일어나는</u> 습관을 가져야 한다. 　　　　　　　　　　　　　　　　　(　　)

(3) 교통사고가 <u>일어나는</u> 바람에 길이 꽉 막혔다. 　　　　　　　　　　　　　　　(　　)

(4) 환경 오염 문제가 심각해지자 환경 보호 단체에서 문제를 들고 <u>일어났다</u>. 　(　　)

속담

3 다음 빈칸에 들어갈 속담으로 알맞은 것에 ○표 하세요.

> 　　초지진과 전등사를 둘러보고 나니 　　　　　　　　(라)고 가까운 강화도에 이렇게
> 많은 문화유산이 있다는 사실이 놀라웠다.

(1) 우물 안 개구리 (　　　)　　　　　(2) 등잔 밑이 어둡다 (　　　)

(3) 공든 탑이 무너지랴 (　　　)　　　(4) 소 잃고 외양간 고친다 (　　　)

1 세상의 중심이 디지털로 변화하면서 언어 역시 디지털 세상에 맞추어 빠르고 다양하게 바뀌고 있다. 누리 소통망 서비스(SNS)가 발달하면서 ㉠의미를 빠르고 간결하게 전하기 위한 줄임 말이나 청소년들끼리 생활을 공유하기 위해 사용하는 급식체, 직장인들의 생활과 *애환을 담은 급여체 같은 신조어가 생겨났다. 최근에는 '띵작(명작), 댕댕이(멍멍이), 갓창력(God+가창력)' 등 원래 글자를 비슷한 자음이나 모음으로 바꾸어 쓰는 일명 야민정음까지 신조어로 등장했다. 이렇게 신조어들이 우후죽순으로 생겨나면서 한글이 파괴될 것을 염려하며 신조어 사용을 제한하자는 목소리가 크다. 그러나 신조어 사용을 무작정 막기보다는 새로운 문화로 받아들여야 한다.

2 첫째, 신조어는 시대적 배경이 바뀌면서 나타난 자연스러운 현상이기 때문이다. 인터넷과 스마트폰 사용이 늘어나면서 SNS에서 신속하게 의사소통하기 위해 자음만 쓰는 표현이나 첫 글자만 따서 쓰는 줄임 말이 많이 생겨났다. 키보드로 문장 전체를 치지 않고도 자음 몇 개로 뜻을 표현하고 전달할 수 있으니 신조어와 줄임 말이 많이 쓰일 수밖에 없다. 이는 언어의 경제적 측면에서 자연스러운 현상이다.

3 둘째, 신조어는 특정 집단끼리 소통하기 위한 표현이기 때문이다. 청소년들이 주로 사용하는 급식체나 직장인들이 사용하는 급여체는 청소년 또는 직장인들이 일상생활을 공유하면서 탄생한 표현이다. 특히 청소년들은 급식체를 사용하면서 또래끼리 소통하는 재미를 느끼고 집단에 대한 소속감을 느낄 수 있다.

4 셋째, 신조어는 우리가 살아가는 세상의 사회와 문화를 다양하고 풍부하게 만들어 주기 때문이다. 야민정음과 같은 신조어는 일종의 '놀이 문화'로 보아야 한다. 우리 조상들은 한자를 사용하던 옛날부터 한자를 나누거나 합치면서 질문을 주고받는 '파자 놀이'를 즐겼다. 하나의 낱자마다 소리를 가지고 있는 한글은 다양한 말놀이를 즐길 수 있는 우수한 글자이다. 이렇듯 신조어는 우리말과 글을 풍부하게 만들어 주는 밑바탕이 될 수 있다.

5 ○○대학 커뮤니케이션학과 △△△ 교수는 "신조어는 그 시대의 사회 문화 현상을 담고 있어 문화의 다양성을 나타내는 주요 *지표"라고 말했다. ㉡신조어 사용은 비록 막을 수 없는 시대적 흐름이다. 한글 파괴로 여기기보다 오히려 다양한 문화 발전의 기회로 받아들여야 할 것이다.

* 애환: 슬픔과 기쁨을 아울러 이르는 말.
* 지표: 방향이나 목적, 기준 따위를 나타내는 표시나 특징.

1

내용 이해

이 글의 특징으로 알맞은 것은 무엇인가요? (   )

① 서론과 본론 부분만 제시되어 있다.

② 글쓴이의 주장은 **4**문단에 드러나 있다.

③ 글쓴이는 신조어가 한글을 파괴한다고 생각한다.

④ 이 글은 신조어가 만들어지는 과정을 설명하기 위한 글이다.

⑤ 글쓴이의 주장을 뒷받침하는 근거는 **2**~**4**문단에 드러나 있다.

2

추론

1~**5** 중 다음 내용이 이어지기에 알맞은 문단의 번호를 쓰세요.

> 특정 집단 사이에 유행하는 신조어를 두고 일부에서는 세대 간 의사소통 단절 문제
> 가 발생할 것이라고 지적하는 사람도 있다. 그러나 기성세대 역시 이전에는 신조어를
> 만들고 사용했던 세대라는 점에서 의사소통 단절 문제도 서로를 이해하려는 노력이
> 필요할 뿐, 심각하게 걱정할 문제는 아니다.

(   )

3

내용 이해

㉠의 예로 알맞지 <u>않은</u> 것은 무엇인가요? (   )

① 비번(비밀번호)   ② 생선(생일 선물)

③ 롬곡옾눞(폭풍 눈물)   ④ 반모(반말 모드)

⑤ 졌잘싸!(졌지만 잘 싸웠다!)

4

어휘·표현

㉡을 바르게 고쳐 쓰는 방법으로 알맞은 것은 무엇인가요? (   )

① '비록'을 '결코'로 바꾸어 쓴다.

② '비록'을 '만약'으로 바꾸어 쓴다.

③ '없는'을 '있는'으로 바꾸어 쓴다.

④ '없는'을 '없지만'으로 바꾸어 쓴다.

⑤ '흐름이다'를 '흐름일 것이다'로 바꾸어 쓴다.

5 주제

이 글에 드러나 있는 글쓴이의 주장을 간추려 한 문장으로 쓰세요.

---

6 비판

이 글을 읽고 내용의 타당성을 잘못 판단한 친구는 누구인지 쓰세요.

명신: 최근 신조어가 많이 생겨나면서 한글 파괴 논란이 벌어지고 있는 상황에서 글쓴이의 주장은 가치 있고 중요해.

선우: 첫 번째 근거는 디지털로 변화하는 시대적 배경과 언어의 경제적 측면에 대한 설명이 서로 관련이 없어서 글쓴이의 주장을 잘 뒷받침하지 못하고 있어.

연아: 신조어가 청소년이나 직장인 같은 특정 집단끼리 소통하기 위한 표현이라는 두 번째 근거는 글쓴이의 주장과 관련이 있어.

지광: 세 번째 근거는 최근에 등장한 '야민정음'과 조상들이 했던 '파자 놀이'를 관련지어서 주장을 잘 뒷받침하고 있어.

(   )

7 적용·창의

이 글의 글쓴이가 다음 조사 결과에 대하여 보일 수 있는 반응으로 알맞은 것은 무엇인가요? (   )

국립국어원이 20대부터 70대까지의 남녀 5000명을 대상으로 언어 사용 습관에 대한 인식 조사를 실시한 결과 "방송에서 신조어를 비롯한 비속어를 많이 사용한다."라고 답한 사람은 42.5%였고, 이 중에서 82.5%는 "방송에서 신조어를 비롯한 비속어 사용을 제한해야 한다."라고 답하였다.

① 방송에서 비속어가 아닌 신조어 사용은 굳이 막을 필요가 없다.

② 방송에서 사용하는 신조어와 일상생활에서 사용하는 신조어를 구분해야 한다.

③ 방송에서 신조어 사용을 제한하면 일상생활에서 신조어 사용이 줄어들 것이다.

④ 방송에서 비속어 사용을 제한하면 일상생활에서 비속어 사용이 늘어날 것이다.

⑤ 방송뿐만 아니라 공공 기관 등에서 신조어를 비롯한 비속어 사용을 제한해야 한다.

어휘력 강화

낱말의 뜻

1 다음과 같은 뜻을 가진 낱말을 **보기** 에서 찾아 쓰세요.

> **보기**　　　　애환　　　염려　　　지표　　　경제적

(1) (　　　　　　　): 슬픔과 기쁨을 아울러 이르는 말.

(2) (　　　　　　　): 돈이나 시간, 노력을 적게 들이는 것.

(3) (　　　　　　　): 방향이나 목적, 기준 따위를 나타내는 표시나 특징.

(4) (　　　　　　　): 앞일에 대하여 여러 가지로 마음을 써서 걱정함. 또는 그런 걱정.

파생어

2 다음 빈칸에 공통으로 들어갈 말은 무엇인가요? (　　　　)

> • 발표할 차례가 다가오자 초조▢을 감추지 못했다.
> • 반에서 항상 1등을 한다고 해서 우월▢에 빠지면 안 된다.
> • 청소년들은 신조어를 사용하면서 집단에 대한 소속▢을 느낄 수 있다.

① 감　　　　　　　② 력　　　　　　　③ 성

④ 체　　　　　　　⑤ 형

사자성어

3 다음 내용과 어울리는 사자성어로 알맞은 것에 ○표 하세요.

> 청소년들은 급식체를 사용하면서 또래끼리 소통하는 재미를 느끼고 집단에 대한 소속감을 느낄 수 있다.

(1) 이심전심(以心傳心) → 마음과 마음으로 서로 뜻이 통함.　　　　　　　　(　　　)

(2) 근묵자흑(近墨者黑) → 먹을 가까이하는 사람은 검어진다는 뜻으로, 나쁜 사람과 가까이 지내면 나쁜 버릇에 물들기 쉬움을 비유적으로 이르는 말.　　　　　　(　　　)

가 폭포와 분수

이어령

   ㉠폭포수와 분수는 동양과 서양의 각기 다른 두 문화의 원천이 되었다고 해도 지나친 말은 아니다. 대체 그것은 어떻게 다른가를 보자. 무엇보다도 폭포수는 ㉡자연이 만든 물줄기이며, 분수는 인공적인 힘으로 만든 물줄기이다. 그래서 폭포수는 *심산유곡(深山幽谷)에 들어가야 볼 수 있고, 거꾸로 분수는 도시의 가장 번화한 곳에 가야 구경할 수가 있다. 하나는 숨어 있고, 하나는 겉으로 드러나 있다. 폭포수는 자연의 물이요, 분수는 도시의 물, 문명의 물인 것이다.

   장소만이 그런 것은 아니다. 물줄기가 정반대이다. 폭포수도 분수도 그 물줄기는 시원하다. 힘차고 우렁차다. 소리도 그렇고 물보라도 그렇다. 그러나 가만히 관찰해 보자. 폭포수의 물줄기는 높은 데서 낮은 곳으로 낙하한다. *만유인력(萬有引力), 그 중력의 거대한 자연의 힘 그대로 폭포수는 하늘에서 땅으로 떨어지는 물이다.

   물의 본성은 높은 데서 낮은 데로 흐르는 것이다. 하늘에서 빗방울이 대지를 향해 떨어지는 것과 같다. 아주 작은 도랑물이나 도도히 흐르는 강물이나 모든 물의 그 움직임에는 다를 것이 없다. 폭포수도 마찬가지이다. 아무리 거센 폭포라 해도 높은 데에서 낮은 곳으로 흐르고 떨어지는 중력에의 *순응이다. 폭포수는 우리에게 물의 *천성을 최대한으로 표현해 준다.

   그러나 분수는 그렇지가 않다. 서구의 도시에서 볼 수 있는 분수는 대개가 다 하늘을 향해 솟구치는 분수들이다. 화산이 불을 뿜듯이, 혹은 로켓이 치솟아 오르듯이, 땅에서 하늘로 뻗쳐 올라가는 힘이다. 분수는 대지의 중력을 거슬러 역류(逆流)하는 물이다. 자연의 질서를 거역하고 부정하며 제 스스로의 힘으로 중력과 투쟁하는 운동이다. 물의 *본성에 도전하는 물줄기이다. 높은 데서 낮은 데로 흐르는 천연의 성질, 그 물의 운명에 거역하여 그것은 하늘을 향해서 주먹질을 하듯이 솟구친다. 가장 물답지 않은 물, 가장 부자연스러운 물의 운동이다. ㉢그들은 왜 분수를 좋아했는가? 어째서 비처럼 낙하하고 강물처럼 흘러내리는 그 물의 표정과 정반대의 *분출하는 그 물줄기를 생각해 냈는가? 같은 힘이라도 폭포가 자연 그대로의 힘이라면 분수는 거역하는 힘, *인위적인 힘의 산물이다. 여기에 바로 운

낱말 뜻

* 심산유곡: 깊은 산속의 으슥한 골짜기.
* 만유인력: 질량을 가지고 있는 모든 물체가 서로 잡아당기는 힘.
* 순응: 환경이나 변화에 적응하여 익숙하여지거나 체계, 명령 따위에 적응하여 따름.
* 천성: 본래 타고난 성격이나 성품.
* 본성: 사물이나 현상에 본디부터 있는 고유한 특성.
* 분출하는: 액체나 기체 상태의 물질이 솟구쳐서 뿜어져 나오는. 또는 그렇게 되게 하는.
* 인위적: 자연의 힘이 아닌 사람의 힘으로 이루어지는 것.

명에 대한, 인간에 대한, 자연에 대한 동양인과 서양인의 두 가지 다른 태도가 생겨난다.

그들이 말하는 창조의 힘이란 것도, 문명의 질서란 것도, 그리고 사회의 움직임이란 것도 실은 저 광장에서 내뿜고 있는 분수의 운동과도 같은 것이다. 중력을 거부하는 힘의 동력, 인위적인 그 동력이 끊어지면 분수의 운동은 곧 멈추고 만다. 끝없이 인위적인 힘, 모터와 같은 그 힘을 주었을 때만이 분수는 하늘을 향해 용솟음칠 수 있다. 이 긴장, 이 지속, 이것이 서양의 역사와 그 인간 생활을 지배해 온 힘이다.

▲ 폭포

▲ 분수

동양과 서양은 여러 면에서 *사고방식이 다르다. ⓒ<u>서양은 개인 또는 개체를 중시하는 반면, 동양은 관계를 중시한다는 점이 대표적이다.</u> 여기 원숭이와 판다, 바나나가 있다. 이 중 둘을 하나로 묶는다면 무엇과 무엇을 묶을 수 있을까? 이때 서양인은 대부분 원숭이와 판다를 하나로 묶어야 한다고 답한다. 원숭이와 판다가 모두 동물에 속하기 때문이다. 반면, 대부분의 동양인들은 원숭이와 바나나를 묶어야 한다고 답한다. 동양인들은 원숭이가 바나나를 좋아한다는 관계를 중요하게 생각하기 때문이다.

미국의 심리학자인 니스벳은 이런 동서양 사고방식의 차이가 고대 그리스와 중국에서부터 이어져 왔다고 본다. 해안과 산으로 이루어진 그리스는 사냥과 수렵, 목축, 무역 등이 발달했다. 이런 일들은 협동보다는 개개인의 능력이 필요한 일이었다. 반면 중국은 *완만한 평야와 낮은 산들이 많아 일찍부터 농업이 발달했다. 농업의 특성상 공동 작업이 많아 공동체를 이루게 되었고, 공동체 속에서 서로 협력하는 한편 지도자 아래에서 함께 힘을 모으기도 했다. 자연스럽게 고대 그리스와 중국의 *생태 환경은 서로 다른 사회 구조를 만드는 결과를 가져왔다.

그리스인들은 일을 하는 데 있어 자신의 능력이 중요했으므로, 자신과 사물 자체에만 관심을 기울였다. 반면 중국인들은 어떤 일을 하기에 앞서 함께 일하는 이웃이나 지도자 같은 주변과의 관계를 고려해야 했다. 고대 그리스와 중국이 가진 생태 환경의 차이가 결국 사고방식의 차이를 만들어 냈다고 보는 것이다.

> ## 낱말 뜻
>
> *사고방식: 어떤 문제에 대하여 생각하고 궁리하는 방법이나 태도.
> *완만한: 경사가 급하지 않은.
> *생태: 생물이 살아가는 모양이나 상태.

1

내용 이해

글 가와 나의 공통적인 특징으로 알맞은 것은 무엇인가요? (   )

① 동서양의 사고방식 차이가 드러나 있다.

② 동양 문화의 우수성에 대한 예찬이 드러나 있다.

③ 서양의 인간관계에 대한 긍정적인 인식이 드러나 있다.

④ 과학적 사실에 대한 동서양의 인식 차이가 드러나 있다.

⑤ 동서양의 외교 관계에 대한 희망적 전망이 드러나 있다.

2

짜임

글 가와 나의 글쓰기 방법과 같은 것의 기호를 쓰세요.

> ㉮ 전통적인 한옥은 안채, 사랑채, 행랑채 등으로 구성되어 있다.
>
> ㉯ 주식은 회사가 사업을 하는 데에 쓰는 돈을 투자자들로부터 조달받고 발행하는 증서이다.
>
> ㉰ 연극은 배우가 관객을 대상으로 무대 위에서 연기하며 이야기를 전달하지만, 영화는 배우의 연기를 카메라로 촬영하고 이를 편집한 영상으로 이야기를 전달한다.

(   )

3

어휘·표현

㉠-㉡의 관계와 다른 것은 무엇인가요? (   )

① 판다 – 동물

② 강물 – 자연

③ 중국 – 동양

④ 그리스 – 서양

⑤ 원숭이 – 바나나

4

내용 이해

폭포수와 분수의 특성을 정리한 것으로 알맞지 않은 것은 무엇인가요? (   )

	①	②	③	④	⑤
폭포수	동양	자연	순응	낙하	중력
분수	서양	인공	거역	용솟음	만유인력

5 추론

글 **가**를 바탕으로 하여 조건에 맞게 ㉢에 대한 답을 정리하여 쓰세요.

> 조건
>
> • 폭포수와 분수의 특성을 비교한 내용을 넣을 것
> • 운명에 대한 태도를 중심으로 정리할 것

_____

_____

6 추론

글 **나**의 내용으로 보아, 다음 질문에 서양인과 동양인은 무엇이라고 답할지 알맞게 짐작한 것에 ○표 하세요.

> 여기 토끼와 다람쥐, 도토리가 있다. 이 중 둘을 하나로 묶는다면 무엇과 무엇을 묶을 수 있을까?

⑴ 서양인은 토끼와 도토리를, 동양인은 토끼와 다람쥐를 하나로 묶을 것이다.　(　　)

⑵ 서양인은 토끼와 다람쥐를, 동양인은 토끼와 도토리를 하나로 묶을 것이다.　(　　)

⑶ 서양인은 토끼와 다람쥐를, 동양인은 다람쥐와 도토리를 하나로 묶을 것이다.　(　　)

7 적용·창의

글 **나**의 관점에서 다음 내용을 이해한 것으로 알맞은 것은 무엇인가요? (　　　　)

> 동양에서는 보름달이 뜨는 날에는 달맞이를 하며 소원을 빌었다. 농사를 주로 해 왔던 동양에서는 보름달이 풍년을 의미했다. 하지만 서양에서는 보름달이 뜨면 늑대인간이나 마녀가 나타난다는 등의 전설이 전해 온다. 중세 유럽의 해변에서는 보름달이 뜰 때 밀물과 썰물의 차이가 커져 물살이 세지면서 물에 빠져 죽는 사람들이 많았다고 한다. 이 때문에 보름달이 두려움의 대상이 되었을 것이라고 짐작한다.

① 보름달은 동양에서 뜨는 모습과 서양에서 뜨는 모습이 달랐겠군.

② 보름달에 대한 인식 차이도 동서양 생태 환경의 차이에서 발생한 것이겠군.

③ 보름달에 대한 인식 차이는 중세와 현대의 시대적 차이에서 발생한 것이겠군.

④ 보름달이 뜨는 시기가 다르기 때문에 동서양에서 보름달을 다르게 생각했겠군.

⑤ 중세에는 동서양에서 보름달에 대한 인식이 같았지만, 현대에 와서 달라졌겠군.

❶					❻
		❷		❼	
❸			❹		
					❽
		❺			

가로 →

❶ 총이나 활 또는 길들인 매나 올가미 따위로 산이나 들의 짐승을 잡는 일.

❸ 규모나 양이 매우 크거나 많다.

❺ 본래 타고난 성격이나 성품.
　예 내 동생은 ○○이 착하다.

❼ 자연 현상을 관찰하여 측정하는 일.
　예 달의 모양 변화에 대한 ○○ 자료

세로 ↓

❶ 어떤 문제에 대하여 생각하고 궁리하는 방법이나 태도.

❷ 높은 데서 낮은 데로 떨어짐.

❹ 모양, 빛깔, 형태, 양식 따위가 여러 가지로 많은 특성.

❻ 미리 헤아려 짐작함.

❽ 돈이나 시간, 노력을 적게 들이는 것.

정답 및 해설 16쪽에서 확인하세요.

다음 빈칸에 들어갈 모양은 무엇일까요?
같은 종류의 모양을 체크해 보세요. 그리고 그 모양이 어떻게 위치를 바꾸는지
살펴보면 다음에 어떤 모양이 들어갈지 추측할 수 있어요.

정답 및 해설 16쪽에서 확인하세요.

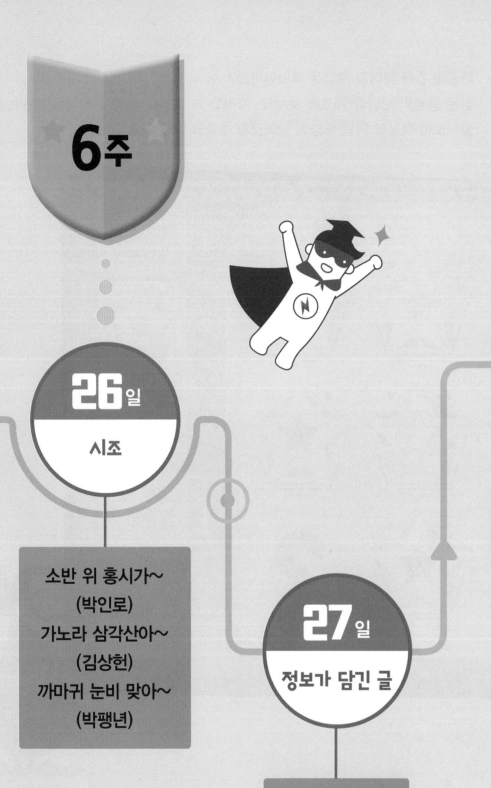

6주

26일
시조

소반 위 홍시가~
(박인로)
가노라 삼각산아~
(김상헌)
까마귀 눈비 맞아~
(박팽년)

28일
정보가 담긴 글

부익부 빈익빈

27일
정보가 담긴 글

교복 입은
유권자가 온다

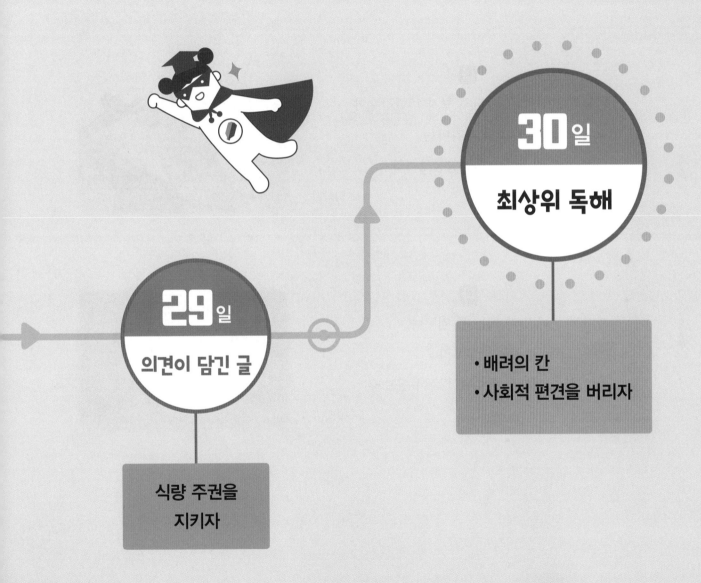

29일

의견이 담긴 글

식량 주권을
지키자

30일

최상위 독해

• 배려의 칸
• 사회적 편견을 버리자

가

소반 위 홍시가 고와도 보이는구나

㉠유자 아니라도 품음직도 하다마는

품어 가 반길 이 없으니 그를 서러워하노라

– 박인로

나

가노라 ㉡삼각산아, 다시 보자 ㉢한강수야

*고국산천을 떠나고자 하랴마는

시절이 *하 수상하니 올동말동하여라

– 김상헌

다

까마귀 눈비 맞아 희는 듯 검구나

*야광명월이 밤인들 어두우랴

임 향한 *일편단심이야 변할 줄이 있으랴

– 박팽년

＊소반: 자그마한 밥상.

＊고국산천: 고국(주로 남의 나라에 있는 사람이 자신의 조상 때부터 살던 나라를 이르는 말.)의 산과 물이라는
　　뜻으로, '고국'을 정겹게 이르는 말.

＊하: 정도가 매우 심하거나 큼을 강조하여 이르는 말. '아주', '몹시'의 뜻을 나타냄.

＊야광명월: 밤에 밝게 빛나는 달.

＊일편단심: 한 조각의 붉은 마음이라는 뜻으로, 진심에서 우러나오는 변치 아니하는 마음을 이르는 말.

1 내용 이해

시조 **가**~**다**의 공통적인 특징으로 알맞은 것은 무엇인가요? (   )

① 현실에서 있음직한 일을 상상하여 썼다.

② 인물이 겪는 갈등이 해결되는 과정을 나타내었다.

③ 논리적인 근거를 내세워 글쓴이의 의견을 주장하였다.

④ 운율이 있는 언어로 생각이나 느낌을 압축하여 표현하였다.

⑤ 읽는 이의 이해를 돕기 위해 어려운 용어의 뜻을 풀어 설명하였다.

☆ 시조는 고려 말기부터 발달해 온 우리나라의 고유의 정형시(일정한 형식에 맞추어 쓴 시)를 말해.

2 주제

다음은 ㉠과 관련된 옛이야기입니다. 이로 보아 시조 **가**의 주제로 알맞은 것은 무엇인가요? (   )

> 중국 삼국 시대에 여섯 살인 육적이 아버지를 따라 원술을 뵈러 갔는데, 대접 받은 귤(유자)을 먹지 않고 몰래 품속에 넣었다. 육적이 집에 돌아가려고 인사할 때, 귤이 품속에서 떨어져 들켰는데, 육적은 귤을 좋아하는 어머니께 드리려고 했다고 말했다.

① 지극한 효심   ② 형제간의 우애

③ 자연을 즐기는 삶   ④ 웃어른에 대한 존경

⑤ 나라를 걱정하는 마음

3 내용 이해

시조 **나**의 글쓴이가 처한 상황으로 알맞은 것은 무엇인가요? (   )

① 사라진 한강수를 보고 실망하였다.

② 무너진 삼각산을 보고 절망하였다.

③ 자신의 나라를 떠나야 해서 안타까워하였다.

④ 오랜만에 자신의 나라로 돌아와서 반가워하였다.

⑤ 외국에서 자신의 나라로 돌아가는 날을 기다리고 있다.

4 추론

㉡과 ㉢이 상징하는 것은 무엇인가요? (   )

① 고국   ② 친구   ③ 임금

④ 부모님   ⑤ 선생님

시조 다의 짜임에 대한 설명으로 알맞지 <u>않은</u> 것에 ×표 하세요.

(1) 초장에는 눈비를 맞아 순수하게 변한 까마귀의 모습이 나타나 있다.   (   )

(2) 중장에는 한밤중에도 어두워지지 않고 밝게 빛나는 달의 모습이 나타나 있다. (   )

(3) 종장에는 임을 향한 변함없는 마음이 나타나 있다.   (   )

시조 가~다를 읽고 생각이나 느낌을 알맞게 말하지 <u>못한</u> 친구는 누구인지 쓰세요.

> 선호: 시조 가를 읽고 나니 돌아가신 할머니가 떠올랐어. 할머니께서 살아 계실 때 더 잘해 드리지 못한 것이 후회되었어.
>
> 희민: 시조 나를 읽고 나서 우리의 자연환경을 깨끗이 잘 지켜야겠다고 다짐했어. 그래야 아름다운 고국산천을 유지할 수 있잖아.
>
> 연아: 시조 다를 읽고 나서 까마귀 같은 사람이 되지 말고 달 같은 사람이 되어야겠다고 생각했어. 어둠 속에서도 변함없이 밝게 빛나는 달의 모습이 인상 깊었거든.

(   )

다음을 참고하여 시조 다를 감상한 내용으로 알맞지 <u>않은</u> 것은 무엇인가요? (   )

> 박팽년은 조카인 단종에게 왕위를 빼앗은 세조에 맞서 단종을 다시 임금으로 복위시키려는 운동에 참여했다가 죽음을 맞은 사육신 중 한 사람이었다. 이 작품에서 그는 어두운 현실에서도 지조를 잃지 않는 충신의 태도를 겉과 속이 다른 간신의 태도와 대조하면서 단종을 향한 자신의 충성심을 노래했다.

① '임'은 단종을 의미한다.

② '야광명월'은 충신을 의미한다.

③ '밤'은 혼란스러웠던 시대 상황을 의미한다.

④ '까마귀'와 '야광명월'은 서로 대조되는 의미이다.

⑤ '까마귀'는 임을 잃고 외로워하는 글쓴이를 의미한다.

어휘력 강화

낱말의 뜻

1 다음과 같은 뜻을 가진 낱말을 ㅇ보기ㅇ에서 찾아 쓰세요.

> **ㅇ 보기 ㅇ**　　　소반　　　고국산천　　　야광명월　　　일편단심

(1) (　　　　　　　　　): 자그마한 밥상.

(2) (　　　　　　　　　): 밤에 밝게 빛나는 달.

(3) (　　　　　　　　　): 고국의 산과 물이라는 뜻으로, '고국'을 정겹게 이르는 말.

(4) (　　　　　　　　　): 한 조각의 붉은 마음이라는 뜻으로, 진심에서 우러나오는 변치
아니하는 마음을 이르는 말.

다의어

2 다음 밑줄 친 낱말이 ㅇ보기ㅇ와 같은 뜻으로 쓰인 것에 ○표 하세요.

> **ㅇ 보기 ㅇ**　　　　　소반 위 홍시가 <u>고와도</u> 보이는구나

(1) 단풍잎 색이 아주 <u>고와</u> 보였다.　　　　　　　　　　　　　　(　　　)

(2) <u>고운</u> 모시로 한복을 만들어 입었다.　　　　　　　　　　　　(　　　)

(3) 내 친구는 목소리가 <u>고와서</u> 인기가 많다.　　　　　　　　　　(　　　)

(4) 이 요리를 할 때에는 <u>고운</u> 소금이 필요하다.　　　　　　　　(　　　)

사자성어

3 다음 밑줄 친 내용과 관련 있는 사자성어에 ○표 하세요.

> 　박인로는 어버이에 대한 효심이 너무나 지극하여 부모님께서 살아 계실 때는 정성
> 껏 효도하였고 <u>돌아가신 후에는 3년 동안이나 무덤 옆에 초막을 짓고 슬퍼하며 예를
> 다했다.</u> 이러한 그의 효심은 '조홍시가'에 잘 드러나 있다.

(1) 유유자적(悠悠自適) → 속세를 떠나 아무 속박 없이 조용하고 편안하게 삶.　(　　　)

(2) 풍수지탄(風樹之嘆) → 효도를 다하지 못한 채 어버이를 여읜 자식의 슬픔을 이르는 말.

(　　　)

1 지난 2019년 12월 27일, 공직 선거법 *개정으로 선거 연령이 만 19세에서 만 18세로 낮아지면서 21대 총선에 청소년들도 당당히 참여했다. ㉠"청소년도 시민이다! 우리는 투명인간이 아니다!"라고 외치던 청소년 인권 활동가와 청소년 단체들이 이루어 낸 *쾌거였다. 만 18세에 선거권이 부여돼야 한다는 주장은 선거권이 다른 기본권과의 형평성에 맞지 않는다는 지적에서 출발했다. ㉡만 18세부터 국방, 납세 등의 의무가 있으며, 공무원 시험 응시나 운전면허 취득도 가능하다. 그런데 선거권만 없다는 것은 타당하지 않다는 것이었다.

2 ㉢역사적으로도 청소년들의 정치 참여는 중요한 역할을 담당했다. 3·1 운동을 비롯해 6·10 만세 운동과 광주 학생 항일 운동 등은 우리나라의 독립을 위해 청소년들이 목숨까지 바쳐 가며 싸웠던 사건이었다. 광복 후에도 4·19 혁명에 참여하여 민주주의를 바로 세우는 등 청소년들의 정치 참여는 우리나라 역사의 흐름을 바꾸는 데 힘을 보탰다.

3 전 세계적으로도 선거 연령은 낮아지는 *추세이다. 중앙 선거 관리 위원회 자료에 따르면 경제 개발 협력 기구(OECD) 34개 회원국 중 독일, 미국, 영국, 일본 등 32개국의 선거 연령은 만 18세 이상이었고, 오스트리아는 만 16세 이상이었다. ㉣전 세계 239개국 중 92% 이상이 선거 연령을 만 18세 이상으로 정하고 있다는 것을 감안하면, 우리나라의 선거 연령을 낮춘 것은 다소 늦은 감이 있다.

4 　㉮　 청소년들이 만 18세 선거권을 얻은 기쁨을 누리는 것도 잠시, 한쪽에서는 우려의 목소리가 높다. 총선을 불과 세 달 앞두고 법이 개정되면서 청소년들에게 선거권에 대한 홍보와 교육이 부족해 선거권이 있는 청소년 중에서도 투표를 '안' 하거나 '못' 한 청소년들이 많았기 때문이다. ○○고등학교 3학년 한 모 군은 "투표하지 않은 친구 중에는 정치에 관심이 없거나 투표할 시간에 공부나 열심히 하라는 부모님의 말씀을 들은 친구들이 많았다."고 말했다.

5 이에 전문가들은 앞으로 치러질 선거에서 청소년들이 선거권을 제대로 행사하려면 청소년들의 자치 활동 활성화로 정치 의식을 키우고 적절한 정치 교육도 필요하다고 입을 모았다.

20○○. 6. 27. △△ 신문

＊개정: 이미 정하였던 것을 고쳐 다시 정함.
＊쾌거: 통쾌하고 장한 행위.
＊추세: 어떤 현상이 일정한 방향으로 나아가는 경향.

1

주제

이 기사의 부제로 가장 어울리는 것은 무엇인가요? (   )

① 공직 선거법 꼭 개정해야 하나

② 청소년 대부분 "정치에 관심 없다"

③ 역사가 기억한 청소년들의 정치 참여

④ 만 18세 국방·납세 의무 꼭 필요한가

⑤ 이제 만 18세도 선거 가능, 청소년 정치 교육 필요

☆ 신문 기사에서 '부제'는 내용을 구체적으로 알리는 작은 제목에 해당해.

2

내용 이해

이 기사의 내용과 일치하지 <u>않는</u> 것은 무엇인가요? (   )

① 전 세계적으로 선거 연령은 낮아지고 있다.

② 2019년 12월 27일에 공직 선거법이 개정되었다.

③ 우리나라의 선거 연령이 만 19세에서 만 18세로 낮아졌다.

④ 만 18세 청소년들의 선거권 행사에 대한 우려의 목소리가 있다.

⑤ 21대 총선에서는 만 18세 청소년들이 선거에 참여할 수 없었다.

3

내용 이해

㉠~㉣ 중 글쓴이의 의견이 드러난 표현이 <u>아닌</u> 것을 골라 기호를 쓰세요.

(   )

4

어휘·표현

㉮에 들어갈 낱말로 알맞은 것은 무엇인가요? (   )

① 만약   ② 결코   ③ 그런데

④ 그래서   ⑤ 왜냐하면

5

1~5 중 다음 자료를 활용할 수 있는 문단의 번호를 쓰세요.

주요 국가 선거 연령	
만 16세 이상	아르헨티나, 오스트리아, 쿠바 등
만 17세 이상	인도네시아, 동티모르 등
만 18세 이상	중국, 일본, 프랑스, 독일, 이탈리아, 네덜란드, 영국, 미국 등

(   )

6

이 기사의 타당성을 알맞게 판단한 친구는 누구인지 쓰세요.

규준: 만 18세 청소년들에게 새롭게 선거권이 보장된 현재 상황에서 짚어 봐야 할 가치 있고 중요한 기사야.

미희: 실제 선거에 참여한 고등학생의 인터뷰는 정치 교육이 필요하다는 기사의 내용과 관련성이 부족하니 생략해야 해.

우재: 청소년들의 정치 참여가 역사의 흐름을 바꾼 사건은 확인된 사실이라고 볼 수 없어 기사의 관점을 뒷받침하기에는 부족해.

(   )

7

다음 글을 참고하여 **5**문단에 추가할 수 있는 청소년 정치 교육 방법을 한 가지 떠올려 쓰세요.

1976년 보수와 진보로 갈등했던 독일 교육자들은 올바른 정치 교육을 위해 '보이텔스바흐 합의'라는 협약을 맺었다. 이 협약의 주요 원칙은 어떤 경우라도 학생에게 가르치는 사람의 의견을 받아들이도록 강요하지 않을 것, 논쟁이 되고 있는 사안은 토론 수업 중에도 논쟁 중이라고 소개할 것, 쟁점이 되는 사안에 대해 학생 스스로 판단해 자신의 관점을 정하도록 할 것이다.

어휘력 강화

낱말의 뜻

1 다음과 같은 뜻을 가진 낱말을 ◦보기◦에서 찾아 쓰세요.

| ◦보기◦ | 개정 | 쾌거 | 추세 | 형평성 |

(1) ( ): 통쾌하고 장한 행위.

(2) ( ): 균형이 맞는 상태를 이루는 성질.

(3) ( ): 이미 정하였던 것을 고쳐 다시 정함.

(4) ( ): 어떤 현상이 일정한 방향으로 나아가는 경향.

부정문

2 다음 밑줄 친 부분의 뜻을 ◦보기◦에서 찾아 기호를 쓰세요.

◦보기◦
㉮ 자신의 의지로 밥을 먹지 않고 잠도 자지 않았다.
㉯ 몸이 너무 아프거나 신경 쓰는 일이 있어 밥을 먹을 수 없었고 잠을 잘 수도 없었다.

(1) 희수는 꼬박 일주일 동안 밥도 못 먹고 잠도 못 잤다. ( )

(2) 희수는 꼬박 일주일 동안 밥도 안 먹고 잠도 안 잤다. ( )

사자성어

3 다음 밑줄 친 내용과 관련 있는 사자성어에 ○표 하세요.

청소년들이 만 18세 선거권을 얻은 기쁨을 누리는 것도 잠시, 한쪽에서는 우려의 목소리가 높다. 총선을 불과 세 달 앞두고 법이 개정되면서 청소년들에게 선거권에 대한 홍보와 교육이 부족해 선거권이 있는 청소년 중에서도 투표를 '안' 하거나 '못' 한 청소년들이 많았기 때문이다.

(1) 노심초사(勞心焦思) → 몹시 마음을 쓰며 애를 태움. ( )

(2) 시의적절(時宜適切) → 그 당시의 사정이나 요구에 아주 알맞음. ( )

1 몇 년 전부터 우리나라 젊은이들 사이에서 '금수저, 흙수저'라는 말이 유행했다. 개인의 노력보다 부모의 경제적·사회적 배경에 따라 장래가 결정된다는 것이다. ㉠한국 보건 사회 연구원이 만 19세~75세 4천 명을 3세대로 나누어 조사한 결과, 아버지가 고학력자면 자식도 고학력자인 비율이 최근 세대일수록 89.6%까지 높아졌다. 또, 아버지의 직업이 관리 전문직이면 아들의 직업도 관리 전문직인 비율이 42.9%로, 아버지의 직업을 배제한 관리 전문직 평균(19.8%)의 2배가 넘었다.

2 ㉡이런 부익부 빈익빈 추세는 1980년대 이후부터 전 세계적으로 심각해지고 있다. 『세계 불평등 보고서 2018』에 따르면, 2016년 기준 전체 국민 소득에서 상위 10%의 비중은 유럽이 37%로 가장 낮았고, 중동이 61%로 가장 높았다. 미국과 캐나다는 47%, 인도와 브라질은 55%였다. 국민 소득 상위 10%의 비중이 높을수록 소득 불평등은 심해진다는 점에서 이 결과는 소득 격차의 심각성을 알려 준다.

3 이 보고서에서 소득 *격차를 키우는 요인으로 두 가지를 들고 있다. 첫째는 IT, 인공지능 같은 과학 기술의 발달로 초고액 연봉자인 '슈퍼 경영자'가 나타나 소득의 격차가 커진다는 것이다. 둘째는 자산의 불평등이 소득의 격차를 키운다는 것이다. 부자들은 주식, 부동산, 금융 상품 등을 구입해 재산을 불리지만 가난한 사람들은 주식이나 부동산을 구입할 자산이 없기 때문에 둘의 격차가 더 벌어진다. ㉢더 큰 문제는 과학 기술의 발달로 일자리를 잃는 사람이 많아지면서 소득의 불평등이 더욱 심화될 것이라는 점이다. 이런 상황을 돌파할 방법은 없을까?

4 ㉣최근 세계 각국에서 벌어지고 있는 기본 소득 실험에서 이 실마리를 찾을 수 있다. 기본 소득은 재산이나 소득이 많든 적든, 일을 하든 안 하든 정부가 국민 모두에게 똑같이 지급하는 돈이다. 모든 국민이 최소한의 인간다운 생활을 할 수 있도록 정부가 보장하는 것이다. 미국, 핀란드, 캐나다 등 여러 나라가 이에 대한 실험과 논의를 꾸준히 진행해 왔다. ㉤미국 알래스카 주에서는 1982년부터 석유 등 천연자원에서 발생하는 수익을 주민들에게 매년 배당하고 있다. 이 배당금은 생활이 해결될 수준으로 많지는 않지만 그 효과는 아주 컸다. 현재 알래스카 주는 미국에서 가장 빈곤율이 ㉮낮고 소득 불평등이 적은 주로 꼽힌다. 핀란드 역시 실업률을 줄이기 위해 2017년부터 2년 동안 실업자를 대상으로 기본 소득 실험을 마쳤는데, 비록 고용 *촉진 효과는 미미했지만 실업 수당에 비해 만족도가 ㉯높다는 결론을 얻었다.

5 세계 각국에서 벌어지고 있는 기본 소득 실험은 우리나라에도 논쟁을 불러일으켰다. 실업과 불안정한 일자리가 늘어나는 상황에서 기본 소득이 대안이라는 찬성 입장과 기본 소득 지급에 엄청난 비용이 필요하다는 반대 입장이 팽팽하게 맞서고 있다. ⓗ기본 소득이 모든 문제를 해결할 수는 없지만 이런 논의가 활발해져서 소득 불평등 문제가 조금이나마 해소되는 계기가 되기를 기대한다.

* 격차: 빈부, 임금, 기술 수준 따위가 서로 벌어져 다른 정도.
* 촉진: 다그쳐 빨리 나아가게 함.

1

내용 이해

이 글을 읽고 확인할 수 <u>없는</u> 내용은 무엇인가요? (   )

① 기본 소득의 의미　　　　　　　　② 소득 격차가 심해지는 요인

③ 소득 불평등을 해결하는 방법　　　④ 일부 국가의 기본 소득 실험 사례

⑤ 주요국의 상위 10% 국민 소득 비중

2

추론

㉠에서 알 수 있는 사실로 알맞은 것은 무엇인가요? (   )

① 부모의 직업과 자식의 직업은 서로 다르다.

② 부모의 학력이 자식의 학력에 영향을 준다.

③ 부모의 나이가 자식의 학력에 영향을 준다.

④ 가족의 경제적 배경과 자식의 직업은 서로 연관이 없다.

⑤ 자식의 학력이나 직업은 부모의 사회적 지위나 배경과 상관없다.

3

짜임

❷문단과 ❸문단의 관계에 대한 설명으로 알맞은 것은 무엇인가요? (   )

① ❸문단은 ❷문단의 주장에 대해 반박하고 있다.

② ❸문단은 ❷문단을 근거로 삼아 주장을 펼치고 있다.

③ ❸문단은 ❷문단에 제시된 상황의 원인을 설명하고 있다.

④ ❸문단은 ❷문단의 결과를 예측하여 자세히 설명하고 있다.

⑤ ❸문단은 ❷문단에 제시된 문제의 해결 방안을 밝히고 있다.

4 **내용 이해** 소득 격차를 키우는 요인으로 지적한 것을 두 가지 고르세요. (   )

① 자산의 불평등   ② 전문직의 감소

③ 배당금의 액수   ④ 기본 소득의 형평성

⑤ 초고액 연봉자인 '슈퍼 경영자'의 등장

5 **주제** ⓛ~ⓗ 중 글쓴이의 관점이 나타난 표현이 <u>아닌</u> 것은 무엇인가요? (   )

① ⓛ   ② ⓒ   ③ ⓒ   ④ ⓜ   ⑤ ⓗ

6 **어휘·표현** ㉮ - ㉯와 관계가 같은 낱말을 **5**문단에서 찾아 쓰세요.

(—   )

7 **적용·창의** 이 글을 바탕으로 다음 내용을 알맞게 이해한 것은 무엇인가요? (   )

> 파리 경제 대학 토마 피케티 교수는 교육이나 조세 등 다양한 요소가 소득 불평등에 영향을 미칠 수 있다고 말하며, 교육 투자는 소득 불평등을 해소하는 중요한 방법 중 하나라고 평가했다. 또, 그는 더 많은 사람에게 기회를 주는 포용적인 교육 제도는 소득 불평등을 낮출 수 있지만, 소수를 상대로 하는 엘리트 교육을 강화하면 소득 불평등을 높일 수 있다고 말했다.

① 영재들에게만 장학금을 지급하면 소득 불평등을 낮출 수 있다.

② 소득이 많은 사람들의 교육 기회를 줄이면 소득 불평등을 높일 수 있다.

③ 부유한 사람들에게 재산세나 소득세를 많이 거두면 소득 불평등을 높일 수 있다.

④ 소득이 많은 사람에게 소득이 적은 사람의 교육비를 내게 하면 소득 불평등을 높일 수 있다.

⑤ 대학교까지 무료 교육을 실시해 고등 교육을 받을 수 있는 기회를 늘리면 소득 불평등을 낮출 수 있다.

📖 어휘력 강화

1 다음과 같은 뜻을 가진 낱말을 **보기**에서 찾아 쓰세요.

> **보기**　　　　해소　　　격차　　　자산　　　촉진

(1) (　　　　　　　): 소득을 모아서 쌓은 것.

(2) (　　　　　　　): 다그쳐 빨리 나아가게 함.

(3) (　　　　　　　): 빈부, 임금, 기술 수준 등이 서로 벌어져 다른 정도.

(4) (　　　　　　　): 어려운 일이나 문제가 되는 상태를 해결하여 없애 버림.

동형어

2 다음 밑줄 친 낱말이 **보기**와 같은 뜻으로 쓰인 것에 ○표 하세요.

> **보기**　　　이 보고서에서는 소득 격차를 키우는 요인으로 두 가지를 <u>들고</u> 있다.

(1) 날이 <u>들면</u> 여행을 가기로 했다.　　　　　　　　　　　　　（　　　）

(2) 숲속에 <u>드니</u> 새 소리가 들려왔다.　　　　　　　　　　　　（　　　）

(3) 칼이 잘 <u>들어</u> 손을 베고 말았다.　　　　　　　　　　　　（　　　）

(4) 역사적 사건을 예로 <u>들어</u> 설명하였다.　　　　　　　　　　（　　　）

속담

3 다음 빈칸에 들어갈 속담으로 알맞은 것에 ○표 하세요.

> 　우리나라는 '　　　　　　'는 말이 낯설어진 사회가 되었다. 부모의 소득이 많으면 학력이 높고 부모의 소득이 적으면 학력이 낮아지는 교육 양극화가 커지고 있기 때문이다. 교육의 격차는 입시, 취업 기회의 불평등을 만들어 낸다.

(1) 우물 안 개구리 (　　　)　　　　　　(2) 꿩 먹고 알 먹기 (　　　)

(3) 개천에서 용 난다 (　　　)　　　　　　(4) 콩이야 팥이야 한다 (　　　)

1 최근 세계는 식량 전쟁을 벌이고 있다. 육식으로 인한 곡물 소비 증가와 이상 기온, 농지 축소 등으로 곡물 생산량이 점점 줄어 전 세계적으로 식량 위기가 올 위험이 높아지고 있다. 농림축산식품부의 발표에 따르면, 우리나라의 쌀은 *자급률이 90%가 넘지만 밀, 옥수수, 콩 등은 거의 대부분 수입에 의존한다. 만약 다른 나라가 곡물을 수출하지 않거나 곡물 가격을 올리면 우리의 밥상은 큰 타격을 받을 수밖에 없다.

2 먹을거리가 위협받는 상황에서 우리의 식량 주권을 지키는 일이 더욱 중요해졌다. 식량 주권이란 소비자가 자신의 식량을 선택할 권리와 각 나라가 주권 국가로서 자국의 식량 정책을 추진할 수 있는 권리를 말한다. 우리가 건강한 먹거리를 지속적으로 생산하고 소비하려면 반드시 식량 주권을 지켜 내기 위해 노력해야 한다.

3 첫째, 먹거리를 현명하고 자유롭게 선택하기 위해 먹거리가 어떤 재료로 어떻게 만들어졌는지부터 표시해야 한다. 유전자 변형 생물(GMO)로 만든 식품이 시장에서 팔린 지 수십 년이 지났지만, GMO 식품의 안전성은 별로 나아진 것이 없다. 국제 보건 기구는 모든 유전자 변형 식품이 안전하다고 판단할 수 없어 꼼꼼하게 검사해야 한다고 밝혔다. 따라서 GMO 식물로 만든 식품에는 성분 표시가 들어가야 GMO 식품에 반대하거나 찬성하는 사람들이 자유롭게 먹거리를 선택할 수 있다.

4 둘째, 토종 씨앗을 지켜 내 생물 다양성을 회복해야 한다. 다양한 유전자를 가진 여러 종류의 생물이 함께 어우러져 살아가야 다 같이 건강할 수 있다. 그런데 오늘날에는 대규모 *종자 회사에서 개발한 씨앗 한두 종류만 대규모 농장에서 재배된다. 수천 년 동안 조상들이 쌓아 온 생물 유전자들이 사라지고 있다. 우리 조상들은 '   ㉠   '(이)라고 하여 사람의 몸과 땅은 하나라고 보았다. 품종이 다양한 토종 씨앗은 자연재해와 병충해에 강하다. 또한 오랜 시간 동안 우리나라의 기후나 우리 땅에 꼭 맞게 적응해 왔기 때문에 어떤 기술도 따라갈 수 없는 뛰어난 품종이 된다. 그래서 화학 비료와 농약을 쓰지 않는 친환경 농법으로 건강한 먹거리를 만들어 낼 수 있다.

5 식량을 둘러싼 각국의 경쟁은 점점 치열해질 것이다. 종자에 대한 권리를 많이 가진 나라일수록 부자가 되고, 세계 농업을 지배할 수도 있다. 식량 주권이 다른 나라에 있다면 우리의 미래는 암울할 것이 분명하다. 그러므로 우리가 먹을 식량에 대한 권리를 지켜 나가야 한다.

*자급률: 필요한 물자를 자체로 공급하는 비율.
*종자: 식물에서 나온 씨 또는 씨앗.

1

주제

글쓴이가 전하려고 하는 생각으로 알맞은 것은 무엇인가요? (　　　)

① 식량 주권을 포기해야 한다.

② 식량의 자급률을 낮추어야 한다.

③ 식량 전쟁에 참여하지 않아야 한다.

④ 식량 주권을 지켜 내기 위해 노력해야 한다.

⑤ 식량 주권의 뜻이 현재 상황에 맞게 바뀌어야 한다.

2

짜임

이 글의 짜임을 가장 잘 나타낸 것은 무엇인가요? (　　　)

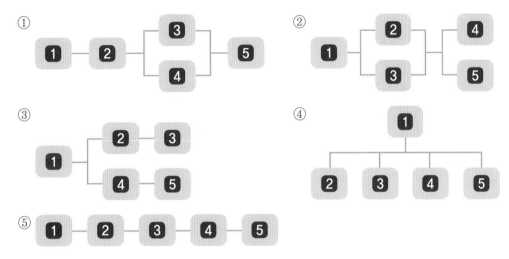

3

내용 이해

토종 씨앗의 장점으로 알맞지 <u>않은</u> 것은 무엇인가요? (　　　)

① 품종이 다양하다.

② 자연재해와 병충해에 강하다.

③ 우리나라의 기후나 땅에 잘 맞는다.

④ 유전자를 변형한 품종으로 외국에 팔 수 있다.

⑤ 화학 비료나 농약 없이 친환경 농법으로 키울 수 있다.

4

어휘·표현

㉠에 들어갈 사자성어로 알맞은 것은 무엇인가요? (　　　)

① 신토불이(身土不二)　　　　　② 일석이조(一石二鳥)

③ 적자생존(適者生存)　　　　　④ 배산임수(背山臨水)

⑤ 청풍명월(淸風明月)

5

비판

이 글을 읽고 내용의 타당성을 잘못 판단한 친구는 누구인지 쓰세요.

> 세미: 식량 전쟁은 물자가 풍족한 오늘날과는 거리가 멀어 보여서 글쓴이의 주장이 가치 있다고 생각하기는 어려워.
>
> 정현: GMO 식품에 성분을 표시하는 것은 식량을 소비하는 사람들이 식량을 선택할 권리를 보장하기 위한 방법이므로 주장을 잘 뒷받침하고 있어.
>
> 치우: 다양한 품종의 토종 씨앗을 지켜 내는 일은 건강한 먹거리를 지속적으로 생산하고 식량 주권을 지키는 방법이 될 수 있으므로 주장을 잘 뒷받침하고 있어.

(   )

6

추론

글쓴이의 주장을 우리가 직접 실천하려면 어떻게 해야 하는지 생각해서 쓰세요.

_____

_____

7

적용·창의

이 글을 바탕으로 다음 내용을 바르게 이해한 친구에 ○표 하세요.

> 지금 우리들이 먹는 바나나는 캐번디시 종이다. 이전에는 그로 미셸 종이 주를 이뤘지만 바나나 나무를 말려 죽이는 파나마병이 유행하면서 사라지게 되었다. 그 뒤 파나마 병에 저항력을 가진 캐번디시 종을 재배하기 시작했는데, 최근에 변종 파나마 병이 유행하면서 이 캐번디시 종도 폐사되고 있다. 파나마병의 치료법을 연구하는 속도보다 감염 속도가 빨라 어쩌면 가까운 미래에 바나나를 구경하기 어려울 것이라고 보기도 한다.

(1) 세호: 하나의 품종만 남으면 전염병에 약할 수밖에 없어. 그러니 전염병에 강한 유전자 변형 생물을 만들어야 해. (   )

(2) 미연: 하나의 품종만 남으면 전염병 때문에 바나나가 모두 멸종할 수 있어. 그래서 다양한 품종을 심어서 생물 다양성을 키워야 해. (   )

어휘력 강화

낱말의 뜻

1 다음과 같은 뜻을 가진 낱말을 ○보기○에서 찾아 쓰세요.

○ 보기 ○　　　변형　　　종자　　　병충해　　　자급률

(1) (　　　　　　　　　): 식물에서 나온 씨 또는 씨앗.

(2) (　　　　　　　　　): 필요한 물자를 자체로 공급하는 비율.

(3) (　　　　　　　　　): 농작물이 병과 해충으로 인하여 입은 피해.

(4) (　　　　　　　　　): 모양이나 형태가 달라지게 함. 또는 그 달라진 형태.

호응 관계

2 다음 빈칸에 들어갈 알맞은 말을 ○보기○에서 찾아 쓰세요.

○ 보기 ○　　　별로　　　만약　　　반드시

(1) 우리는 (　　　　　　　　　) 식량에 대한 권리를 지켜야 한다.

(2) 일기 예보에서 영하라고 했지만 나는 (　　　　　　　　　) 춥지 않았다.

(3) (　　　　　　　　　) 다른 나라가 곡물 가격을 올리면 수입에 의존하는 우리는 타격을 받을 수밖에 없다.

사자성어

3 다음 빈칸에 들어갈 사자성어에 ○표 하세요.

　　식량을 둘러싼 각국의 경쟁은 점점 치열해질 것이다. 종자에 대한 권리를 많이 가진 나라일수록 부자가 되고, 세계 농업을 지배할 수도 있다. 식량 주권이 다른 나라에 있다면 우리의 미래는 암울할 것이 　　　　　　　(이)하다.

(1) **명약관화(明若觀火)** → 불을 보듯 분명하고 뻔함.　　　　　　　　　　　(　　　)

(2) **소탐대실(小貪大失)** → 작은 것을 탐하다가 큰 것을 잃음.　　　　　　　(　　　)

가

다문화 가정을 위한
[배려의 칸]은
아직 좁습니다

다양함을 이해하는 것은
작은 배려에서 시작됩니다.

kobaco
공익광고협의회

● 지문의 난이도
상 중 하

● 문제의 난이도
상 중 하

낱말 뜻

* 혈통: 같은 핏줄의 계통.
* 이주: 개인이나 종족, 민족 따위의 집단이 본래 살던 지역을 떠나 다른 지역으로 이동하여 정착함.
* 단일 민족 국가: 한 민족이 한 국가를 이루고 있는 나라.

나

　한국 사회는 지난 몇십 년 사이 정보화 및 세계화의 영향으로 급속도로 변하고 있습니다. 단군의 자손으로 하나의 *혈통임을 강조하던 한국이 외국인 노동자들의 *이주와 국제 결혼 등으로 단일 민족 국가에서 다인종 다문화 국가로 변하고 있는 것입니다. 부모님 중 한 분이 외국인이고, 또 다른 한 분이 한국인이라면 다문화 가정이라고 할 수 있습니다. 통계청 발표 자료에 따르면, 다문화 가정 학생들은 지난 2012년 4만 7000명에서 2019년 12만 2000여 명으로 *급격하게 증가했습니다.

우리나라는 다문화 사회로 빠르게 진입하고 있지만 실제 생활 속에서 다문화 가정 학생들에 대한 *편견과 *차별은 과거와 크게 차이가 없는 것이 현실입니다. 여성가족부의 2018년 전국 다문화 가족 *실태 조사를 보면 다문화 가족 자녀가 지난 1년간 차별을 경험한 비율은 9.2%로 2015년에 비해 2.3%가 늘었습니다. 학교 폭력을 경험한 자녀도 8.2%로 2015년에 비해 3.2% 증가했는데, 학교 폭력을 경험한 뒤에는 절반에 가까운 48.6%가 "참거나 그냥 넘어간다."라고 답했습니다.

한국인 어머니와 나이지리아인 아버지를 둔 모델 한현민 군은 방송에서 다문화 가정 자녀로서 겪었던 경험에 대해 밝혔습니다. 그는 "까만 사람이 짜장면을 먹고 있네.", "네 피는 무슨 색이야?", "너 머리카락이 정말 신기하다." 등 외모에 대해 지적하는 말들을 자주 들었고 이 때문에 자신의 외모에 대한 스트레스가 많았다고 합니다.

2018년에는 러시아인 어머니와 한국인 아버지를 둔 중학생 A군이 또래 학생들에게 집단 폭행을 당하다가 15층 아파트 옥상에서 *추락하는 사고까지 벌어졌습니다. A군과 가해 학생은 초등학생 시절 알던 사이였고, A군이 다문화 가정이라는 이유만으로 초등학생 때부터 많은 괴롭힘을 받아왔던 사실이 밝혀지면서 우리 사회에 많은 충격을 주었습니다. 외국에서 살고 있는 한국 동포들이 이와 같은 일을 겪는다면 우리는 어떤 반응을 보일까요?

다문화 가정 자녀들에 대한 차별을 해결하기 위해서는 다른 사람과 나의 입장을 바꾸어 생각해 보는 '⬤ ㉠ ⬤'의 태도가 필요합니다. 언어나 외모가 낯설고 피부색이 다르다고 하여 무시하거나 우리 문화만을 고집하는 것은 편견입니다. 다문화 가정에 대한 차별 문제를 극복하는 일은 문화적 차이를 인정하고 편견을 버리는 일에서부터 출발해야 합니다. 우리나라에 사는 다문화 가정 출신 학생들은 대부분 한국에서 태어나고 자란 우리와 똑같은 한국인입니다. 부모님이 외국인이라는 이유로 혹은 피부색이 다르다는 이유로 차별받아서는 안 됩니다. 다문화 가정 자녀들은 모두 우리와 마찬가지로 한 인간으로서 존중받고 배려받아야 하는 소중한 존재입니다.

• 다문화 사회
한 사회 안에 서로 다른 인종과 다양한 문화가 함께 존재하는 사회를 말한다.

낱말 뜻

*급격하게: 변화의 움직임 따위가 급하고 격렬하게.
*편견: 공정하지 못하고 한쪽으로 치우친 생각.
*차별: 둘 이상의 대상을 각각 등급이나 수준 따위의 차이를 두어서 구별함.
*실태: 있는 그대로의 상태. 또는 실제의 모양.
*추락하는: 높은 곳에서 떨어지는.

1

내용 이해

광고 가에 대한 설명으로 알맞은 것은 무엇인가요? (   )

① 다문화 가정의 실태 조사 결과를 그래프로 제시했다.

② 중요한 낱말은 [   ] 표시를 넣어 강조해서 표현했다.

③ 중요한 문구는 자세히 살펴볼 수 있도록 작은 글자로 표현했다.

④ 이해를 돕기 위하여 다문화 가정을 상징하는 그림을 함께 제시했다.

⑤ 다양한 상상을 할 수 있도록 완결된 문장을 쓰지 않고 낱말만 나열했다.

2

추론

광고 가에서 이름 칸이 부족한 사진을 사용한 까닭은 무엇인지 기호를 쓰세요.

㉮ 초등학생에게 부모님 이름을 쓰게 하는 것이 힘든 일이라는 것을 알리려고

㉯ 이름이 모두 다른 것처럼 사람들의 성격이나 모습이 다르다는 것을 나타내려고

㉰ 외국인인 엄마 이름을 쓰기에 너무 좁은 칸을 통해 우리 사회에서 결혼 이주민에 대한 배려가 부족하다는 것을 알리려고

(   )

3

내용 이해

글 나의 내용과 일치하지 않는 것은 무엇인가요? (   )

① 다문화 가정 학생들은 급격하게 증가하고 있다.

② 한국 사회는 다인종 다문화 국가로 변화하고 있다.

③ 다문화 가정 학생들에 대한 편견과 차별은 여전히 존재한다.

④ 외국에 살고 있는 우리나라 동포들도 인종 차별을 겪지 않고 있다.

⑤ 부모님 중 한 분이 외국인이고 한 분이 한국인인 경우 다문화 가정이 된다.

4

어휘·표현

㉠에 들어갈 사자성어로 알맞은 것은 무엇인가요? (   )

① 역지사지(易地思之)　　　　② 과유불급(過猶不及)

③ 다다익선(多多益善)　　　　④ 대기만성(大器晚成)

⑤ 유유상종(類類相從)

5

적용·창의

글 **나**의 글쓴이가 다음 내용을 읽고 난 반응으로 알맞은 것에 ○표 하세요.

> 우리나라에서는 '다문화'라는 용어가 차별적으로 쓰이기도 한다. 서구·유럽권 출신에게는 '다문화'보다 '글로벌'이라고 표현한다. 반면 동남아나 서남아권 출신을 소개하거나 설명할 때에는 '다문화'라고 부른다. '여러 나라의 다양한 문화'를 뜻하는 '다문화'가 경우에 따라 또 다른 '인종 구분' 표현으로 쓰이고 있는 것이다.

(1) 우리나라를 기준으로 우리와 멀리 떨어져 있는 나라들을 '다문화'라고 하여 차별하고 있군. ( )

(2) '다문화'라는 용어가 인종을 차별하는 말로 쓰이고 있으니 알맞은 다른 용어를 만들어 사용해야겠어. ( )

(3) '다문화'라는 용어가 차별적으로 들리지 않도록 출신 지역에 관계없이 모두 소중한 존재로 존중받도록 노력해야 해. ( )

6

주제

광고 **가**와 글 **나**의 공통적인 주제로 알맞은 것은 무엇인가요? ( )

① 다문화 가정을 점차 줄여 나가야 한다.
② 우리 문화의 우수성만 내세우고 상대방의 문화를 무시해서는 안 된다.
③ 외국에서 온 이주민에 대한 차별을 없애고 이들을 존중하고 배려해야 한다.
④ 자기 문화를 낮게 평가하고 외국의 문화만을 우수하다고 생각해서는 안 된다.
⑤ 외국과의 문화적 차이를 인정해 있는 그대로 받아들이는 자세를 가져야 한다.

7

추론

광고 **가**와 글 **나**에 나타난 주제를 바르게 실천하지 <u>못한</u> 친구는 누구인지 쓰세요.

> 민수: 무심코 내뱉은 '짱개', '껌둥이' 같은 말이 혐오 표현이라는 것을 알았어. 다시는 쓰지 않도록 노력해야지.
> 채은: 만약 내가 외국에 나가서 인종 차별을 받는다면 다문화 가정 친구들을 생각해서 꾹 참아야겠다고 생각했어.
> 정현: 다문화 가정 친구들의 외모와 관련된 별명을 만들어 놀리듯이 부를 때가 많았는데, 별명 대신 이름을 부르자고 친구들을 설득할 거야.

( )

		❶			❸
❷					
			❼	❽	
❹		❻			
❺				❾	

가로 →

❷ 고국의 산과 물이라는 뜻으로, '고국'을 정겹게 이르는 말.

❺ 세계 여러 나라를 이해하고 받아들임. 또는 그렇게 되게 함.

❼ 모양이나 형태가 달라지거나 달라지게 함. 또는 그 달라진 형태.

❾ 통일된 하나의 조직체를 구성하는 한 부분. 예 농약 ○○이 검출된 농산물

세로 ↓

❶ 소득을 모아서 쌓은 것.

❸ 필요한 물자를 자체로 공급하는 비율.

❹ 어떤 현상이 일정한 방향으로 나아가는 경향.

❻ 정도나 경지가 점점 깊어짐. 또는 깊어지게 함. 예 빈부 격차가 점점 ○○되고 있다.

❽ 균형이 맞는 상태를 이루는 성질.

앗!

[정답 및 해설]이 어디 도망갔다고요?
길벗스쿨 홈페이지에 들어오세요.
도서 자료실에 딱 준비되어 있습니다!

기적의 독해력

독해력

실력편

정답 및 해설

12 권

1 ①, ④　**2** ⑤　**3** (1) ㉯ (2) ㉱　**4** ③　**5** 윤지
6 ⑤　**7** (1) ○

어휘력 강화　**1** (1) 차이다 (2) 솟구치다 (3) 수군거리다
2 (1) ㉮ (2) ㉱ (3) ㉯　**3** (1) ○

1 용이는 4학년 학생으로, 아버지가 머슴살이를 한다는 이유로 다른 친구들의 책 보퉁이를 메다 주어야 해서 학교에 가기 싫어합니다.

2 절정은 갈등이 최고조에 이르는 부분이므로, 용이가 아이들에게 자신은 이제 못난 아이가 아니라고 밝히며 맞선 일이 절정에 해당합니다. ②는 발단, ①과 ③은 전개, ④는 결말에 해당하는 사건입니다.

3 ㉠에서는 책 보퉁이를 메고 가야 하는 자신의 처지가 속상하고 화가 남을 짐작할 수 있습니다. ㉡에서는 자신에게 책 보퉁이를 맡기던 아이들 앞에서 자신이 못난 놈이 아님을 밝히고 있으므로 용기 있고 자신만만한 마음을 짐작할 수 있습니다.

4 꿩이 소리치며 날아오르는 모습을 본 용이가 하늘에라도 날아오를 듯하다고 느낀 것에서 '자유'를, 꿩이 소리치며 날아오르는 모습을 본 용이가 책 보퉁이를 던진 것에서 '용기'를, '꿩이 날아오르며 우는 소리를 살아 있는 생명의 소리라고 표현한 것에서 '생명력'을, 꿩이 날아오르는 모습을 본 용이의 몸에 어떤 힘이 마구 솟구쳤다고 한 것에서 '자신감'을 상징한다는 것을 알 수 있습니다.

5 용이가 꿩을 보았을 때 꿩을 향해 돌멩이를 던진 것은 아니므로 윤지는 잘못 말하였습니다.

6 아이들의 요구를 거절하지 못하고 책 보퉁이를 대신 메다 주던 용이가 변화하는 모습을 통해 부당함 앞에서 당당하게 맞서는 용기의 중요성을 전하고 있습니다.

7 글 **2**를 희곡으로 바꾸어 쓸 때 대사를 추가하려면, 용이의 마음이 잘 드러나게 합니다. 용이는 꿩이 날아오르는 것처럼 학교를 향해 달리고 있으므로, 이제 남의 책 보퉁이를 더 이상 들지 않고 꿩처럼 자유롭고 멋지게 살겠다는 결심을 할 것입니다.

어휘력 강화

3 밑줄 친 부분은 자신을 괴롭히는 친구들 앞에서 당당하게 맞선 용이의 모습을 설명한 부분이므로, 위풍당당(威 위엄 위, 風 바람 풍, 堂 집 당, 堂 집 당)이 어울립니다.

1 ⑤　**2** ④　**3** ㉱　**4** ④　**5** (2) ○ (3) ○　**6** 영식
7 (1) ○

어휘력 강화　**1** (1) 진화 (2) 개간해 (3) 기생해
2 (1) 출생 (2) 가해 (3) 패배　**3** (1) ○

1 이 글에서는 바이러스가 위협적인 까닭을 구체적인 예를 들어 설명하였습니다.

2 이 글의 중심 내용이 잘 드러나는 '바이러스, 21세기 인류를 위협하다'가 제목으로 알맞습니다.

3 바이러스는 생물도 무생물도 아니며, 야생 동물과 인간 모두에게 위협적입니다.

4 '결코'를 '때문이다'와 호응하는 '왜냐하면'으로 고쳐야 합니다.

5 세 번째 문단에서 전 세계의 인구가 늘어나고 교류가 활발해지면서 바이러스가 더 빠르게 확산되었다고 하였으므로 (2)를 짐작할 수 있습니다. 그리고 네 번째 문단에서 환경 오염으로 인해 바이러스의 변종이 나타났다고 하였으므로 (3)을 짐작할 수 있습니다.

6 이 글에서는 전 세계 총 인구 수는 약 78억 명이라는 점과 헨드라 바이러스는 1994년에, 니파 바이러스는 1998년에 나타났다는 점을 설명하며 구체적인 수와 일어난 시기를 언급하고 있으므로 믿을 만합니다.

7 이 글은 바이러스로 인한 피해를 알려 주며 바이러스의 부정적인 측면을 강조하였습니다. 그러나 ◦보기◦의 글은 바이러스를 치료에 이용하는 방안을 알려 주며 바이러스의 긍정적인 측면을 강조하였습니다.

어휘력 강화

1 (2) **개간하다**: 거친 땅이나 버려 둔 땅을 일구어 논밭이나 쓸모 있는 땅으로 만들다.

3 바이러스가 더 빨리, 더 많은 자손을 늘릴 수 있다고 하였으므로, '일석이조(一 하나 일, 石 돌 석, 二 두 이, 鳥 새 조)'가 어울립니다.

1 ③　2 ⑤　3 **4**　4 ②, ④　5 효　6 ④
7 **예** 온 국민이 나쁜 기운을 물리치고 복을 받게 해 달라는 뜻을 담았다. 혹은 코로나 극복의 염원을 담아 액운을 물리치기를 바라는 마음을 담았다.

어휘력 강화　1 (1) 치르다　(2) 장식하다　(3) 순박하다
　　　　　　　　(4) 유행하다　2 (1) 구매　(2) 환갑　(3) 명
　　　　　　　　(4) 염원　3 (3) ○

1 이 글에서는 여러 가지 민화의 특징과 소재를 늘어놓으며 설명하고 있습니다.

2 대부분 이름 없는 사람들이 민화를 그렸습니다.

3 꽃과 관련된 그림에 대해 설명하는 **4**문단에 들어가야 알맞습니다.

4 '만수무강(萬壽無疆)'은 '아무런 탈 없이 아주 오래 삶.'이라는 뜻이고, '무병장수(無病長壽)'는 '병 없이 건강하게 오래 삶.'이라는 뜻입니다.

5 옛이야기에서 어머니께 잉어를 드리려고 노력하는 아들의 모습이 나타나므로 '효(孝)'와 관련됩니다.

6 한 쌍의 원앙이 그려진 '화조도'는 부부 사이가 좋아져서 자식을 많이 낳고 행복하게 살기를 바라는 마음을 담고 있습니다. 그러므로 부부가 함께 생활하는 안방 등에 장식하였을 것입니다.

7 우리 조상들이 새해 첫날 대문에 '문배'를 붙인 이유와 2021년 설 연휴 첫날 광화문에 게시한 이유를 생각해 봅니다.

어휘력 강화

2 (1) '구입'과 '구매'는 '물건 따위를 사들임.'을 뜻합니다.
　(2) '회갑'과 '환갑'은 예순한 살을 이르는 말입니다.
　(3) '목숨'과 '명'은 '사람이나 동물이 숨을 쉬며 살아 있는 힘.'이라는 뜻입니다.
　(4) '소망'은 '본디부터 늘 바라던 일.'이라는 뜻이고, '염원'은 '마음에 간절히 생각하고 기원함. 또는 그런 것.'이라는 뜻입니다.

3 '여러 사람이 같은 의견을 말함.'을 뜻하는 관용어는 '입을 모으다'입니다.

---

1 ⑤　2 **1**　3 ⑤　4 (3) ×　5 채은　6 ⑤　7 ②

어휘력 강화　1 (1) 병행　(2) 불균형　(3) 거부　(4) 섭취
　　　　　　　　2 (1) ㉡　(2) ㉢　(3) ㉮　3 (4) ○

1 이 글에서 다이어트를 하는 청소년의 평균 체중에 대해 설명하지는 않았습니다.

2 다이어트를 부추기는 대중 매체의 문제점을 자세히 설명한 내용은 **1**문단의 뒷받침 내용으로 알맞습니다.

3 **4**문단의 내용으로 보아, 다이어트는 섭식 장애를 개선하는 것이 아니라 섭식 장애를 일으킵니다.

4 (3)은 청소년들이 많이 하는 다이어트 방법에 대한 설문 조사 결과를 설명하였을 뿐, 글쓴이의 관점은 나타나 있지 않습니다.

5 이 글에 다이어트에 성공해 건강을 되찾은 청소년의 실제 사례는 나타나 있지 않으므로 채은이는 잘못 판단하였습니다.

6 ㉤은 공부 스트레스를 푸는 방법에 대한 내용으로, 건강한 청소년 다이어트 방법을 제안하는 **5**문단과 어울리지 않습니다.

7 글쓴이는 민지와 같은 청소년이 지나치게 식단을 조절하는 방법으로 다이어트를 하는 것에 부정적이므로 ②와 같은 말을 하지 않을 것입니다.

어휘력 강화

1 (1) **병행**: 둘 이상의 일을 한꺼번에 행함.
　(2) **불균형**: 어느 편으로 치우쳐 고르지 않음.
　(3) **거부**: 요구나 제의 따위를 받아들이지 않고 물리침.
　(4) **섭취**: 생물체가 양분 따위를 몸속에 빨아들이는 일.

2 (1) **쓰다**: 먼지나 가루 따위를 몸이나 물체 따위에 덮은 상태가 되다.
　(2) **쓰다**: 원서, 계약서 등과 같은 서류 따위를 작성하거나 일정한 양식을 갖춘 글을 쓰는 작업을 하다.
　(3) **쓰다**: 어떤 일을 하는 데에 재료나 도구, 수단을 이용하다.

3 외모 관리를 하려다 건강을 해칠 수 있는 상황이므로, '손해를 크게 볼 것을 생각지 아니하고 자기에게 마땅치 아니한 것을 없애려고 그저 덤비기만 하는 경우를 비유적으로 이르는 말'인 '빈대 잡으려고 초가삼간 태운다'라는 속담이 어울립니다.

1 ③ 2 ④ 3 이익 4 규민 5 ⑤ 6 (2) ○
7 가

1 글 가와 나는 도덕적인 행동의 기준에 대하여 설명하고 있습니다.

2 글 가에서 벤담은 신분이나 재산, 인종, 성별과 상관없이 모든 사람의 행복이나 고통의 무게가 동일하다고 생각했습니다.

3 '극대화'와 '극소화'는 서로 반대되는 말입니다. '손해'와 반대되는 말은 '이익'입니다.

> **자세하게**
>
> • 극대화: 아주 커짐. 또는 아주 크게 함. ⑪ 극소화
> • 손해: 물질적으로나 정신적으로 밑짐. ⑪ 이익

4 글 가에서는 국가의 법을 만들 때 다수의 사람들이 행복한 방향으로 결정해야 한다는 입장이므로, 규민이와 같은 비판을 불러올 수 있습니다. 초희와 수정이는 글에 설명된 내용을 그대로 질문하고 있습니다.

5 글 나에서 칸트는 마음속 도덕적 법칙에 따라 올바르게 행동할 수 있다고 주장하였습니다. 따라서 이 관점에서 보면 길을 잃은 할머니를 돕는 것은 도덕적 의무에서 나온 행동이라고 볼 수 있습니다. 나머지 친구들은 주변 사람들을 의식하고 어떤 목적이나 의도를 가지고 할머니를 돕는다고 말하고 있으므로, 글 나와 관점이 다릅니다.

6 글 나에서는 어떤 목적이나 의도 없이 마음속 도덕적 의무에 따라 행동하는 것이 올바르다고 하였습니다. 거짓말은 어떤 의도이든 도덕적 의무에 어긋나므로 의사는 환자에게 진실을 말해야 합니다.

7 홍길동이 탐관오리의 재물을 훔치기는 했지만, 결과적으로 많은 백성을 행복하게 하였으므로 도덕적으로 옳은 행동이라는 것은 벤담의 공리주의적 입장에서 본 것입니다. 따라서 글 가의 사례로 알맞습니다.

> **자세하게**
>
> 글 나에서 설명하고 있는 칸트는 아무런 목적이나 의도 없이 마음속에 있는 순수한 도덕적 의무에 따라 행동해야 한다고 생각합니다. 따라서 홍길동의 행동을 도덕적으로 옳지 않다고 생각할 것입니다.

1 ① 2 ④ 3 ㉠, ㉡ 4 ④ 5 ③ 6 ⑤
7 (2) ×

> **어휘력 강화** 1 (1) 동무 (2) 아씨 (3) 보슬보슬
> (4) 알롱알롱 2 (2) ○ (4) ○ 3 (3) ○

1 이 시에서 말하는 이는 햇비를 맞으며 춤추는 아이들 중 하나인 '나'입니다.

2 '아씨'는 햇비가 내리는 모습을 비유하는 대상으로, 이 시에 직접 등장하지 않습니다. 따라서 이 시를 읽고 아씨가 옥수숫대 아래에서 비를 피하는 모습은 떠올릴 수 없습니다.

3 밑줄 친 부분에서는 고양이의 털을 '꽃가루'에 직접 빗대어 표현하는 직유법을 사용하였습니다. ㉠은 햇비가 내리는 모습을, ㉡은 아이들이 자라는 모습을 직유법을 사용하여 표현한 부분입니다.

4 ㈏는 ㈎의 내용을 비유법을 활용하여 표현한 것으로, '무지개'를 '하늘 다리'에 빗대어 표현하였습니다. 이처럼 비유법을 활용하면 감각적이고 구체적이며 신선한 느낌을 줄 수 있습니다.

5 햇비를 맞으며 무지개 아래에서 즐겁게 노래하고 춤추는 아이들의 모습이 나타난 시이므로, 명랑하고 경쾌하며 희망찬 분위기를 느낄 수 있습니다.

6 이 시를 통해 아이들이 자연 속에서 밝게 자라는 모습을 전하고 있습니다.

7 이 시에서 '무지개'는 높은 곳에 떠 있는 것으로 밝고 긍정적인 이미지를 가지고 있습니다. 따라서 무지개가 일제를 표현했다고 말한 기훈이의 생각은 알맞지 않습니다.

> **어휘력 강화**

1 (1) 동무: 늘 친하게 어울리는 사람.
  (2) 아씨: 아랫사람들이 젊은 부녀자를 높여 이르는 말.
  (3) 보슬보슬: 눈이나 비가 가늘고 성기게 조용히 내리는 모양.

2 '자'는 길이의 단위이므로, (2)의 '눈이 한 자나 들어갔다.'와 (4)의 '여섯 자가 넘는 큰 궤짝'과 같이 쓸 수 있습니다. (1)에는 '손', (3)에는 '벌'이 들어갈 수 있습니다.

3 다소 방해되는 것이 있다 하더라도 마땅히 할 일은 하여야 함을 비유적으로 이르는 말은 '구더기 무서워 장 못 담글까'입니다.

7 DAY

1 ④   **2** ④   **3 예** 현금을 사용하는 비중이 줄고 기술이 발전하면서 신용 카드나 모바일 결제 수단보다 더 편리하게 이용할 수 있는 디지털 화폐가 등장하게 되었을 것이다.   **4** ③   **5** ①   **6 ❷**   **7** (3) ○

어휘력 강화   **1** (1) 침해 (2) 통화 (3) 탈세 (4) 뇌물
2 (1) 감소 (2) 무명 (3) 낭비   **3** (2) ○

1 신용 카드의 사용이 증가하고 모바일 결제 수단이 생겨나면서 현금을 사용하는 비중은 점점 감소하고 있다고 하였습니다.

2 ❶문단은 처음 부분, ❷문단과 ❸문단은 가운데 부분, ❹문단은 끝부분입니다.

3 ❶문단의 내용으로 보아, 현금을 사용하는 비중이 감소하고 기술이 발전하면서 디지털 화폐가 등장하게 되었다는 것을 알 수 있습니다.

4 ㉠은 중앙은행 디지털 화폐의 특징을 암호 화폐와의 공통점과 차이점을 들어 설명하고 있는 부분입니다.

5 '미리 준비가 되어 있으면 걱정할 것이 없음.'을 뜻하는 '유비무환(有備無患)'이 들어가야 알맞습니다.

6 디지털 화폐의 종류와 특징을 표로 정리한 것이므로, ❷문단에서 활용할 수 있습니다.

7 글쓴이는 디지털 화폐 시대는 피할 수 없는 시대적 흐름이라는 관점을 가지고 있습니다. 따라서 (3)과 같이 시대적 흐름에 적응하기 위한 방법을 제안할 수 있습니다.

어휘력 강화

1 (1) **침해**: 침범하여 해를 끼침.
    (4) **뇌물**: 개인의 이익을 위해 공적인 책임이 있는 사람에게 건네는 부정한 돈이나 물건.

2 (1) **증가**: 양이나 수치가 늚. ⛔ 감소
    (2) **유명**: 이름이 널리 알려져 있음. ⛔ 무명
    (3) **절약**: 함부로 쓰지 않고 꼭 필요한 데에만 써서 아낌.
        ⛔ 낭비

3 디지털 화폐 시대는 이미 시작되어 그만둘 수 없으므로, '기호지세(騎 말탈 기, 虎 범 호, 之 갈 지, 勢 기세 세)'가 어울립니다.

8 DAY

1 ③   **2** ③   **3 ❶, ❷**   **4** ⑤   **5** ②   **6 ❹**   **7** ④

어휘력 강화   **1** (1) 전염성 (2) 멸종 (3) 면역력
        (4) 치사율   **2** (3) ○ (4) ○   **3** (2) ○

1 ❶문단은 전 세계에서 벌이 사라지고 있다는 것, ❷문단은 벌이 사라지면 심각한 문제가 일어날 수 있다는 것이 중심 내용입니다. ❹문단은 벌이 사라지는 원인으로 지구 온난화를 꼽는 전문가들이 있다는 것, ❺문단은 벌의 멸종 원인을 밝혀 대책을 마련해야 한다는 것이 중심 내용입니다.

2 해수면 상승은 지구 온난화의 결과로 벌의 멸종과는 관련이 없습니다.

3 처음 부분은 ❶문단과 ❷문단입니다. ❶문단에서 벌이 사라지는 문제 상황을 제시하고, ❷문단에서 벌이 사라지면 생태계 혼란이나 식량난 같은 심각한 문제가 일어날 수 있다는 것을 밝히고 있습니다.

4 ㉣의 뒤에는 '~커지게 된다면'이 이어지므로, '만약'이 들어가야 알맞습니다.

5 ①은 ❸문단과 ❹문단, ③은 ❶문단, ④는 ❹문단, ⑤는 ❷문단을 보고 대답할 수 있는 질문입니다. ②는 이 글을 보고 대답할 수 없는 질문입니다.

6 지구 온난화로 인한 생태계 파괴 현상에 대한 자료는 ❹문단에 들어갈 수 있습니다.

7 벌이 사라지고 있는 상황에서 리치 박사의 연구 결과는 도시 양봉을 통해 벌을 살릴 수 있다는 것을 알려 줍니다. 따라서 벌의 멸종을 막기 위해 도시에서 양봉할 방법을 생각한 ④가 알맞습니다.

어휘력 강화

1 (1) **전염성**: 남에게 옮아가는 성질.
    (2) **멸종**: 생물의 한 종류가 아주 없어짐.

2 (3)은 '식량+난'으로 나눌 수 있고, (4)는 '애+벌레'로 나눌 수 있습니다.

3 '근심에 싸여 기가 죽고 맥이 빠지다.'라는 뜻을 가진 관용어는 '코가 빠지다'입니다. (1)은 약점이 잡혔을 때, (3)은 이렇게 하나 저렇게 하나 결과는 마찬가지일 때, (4)는 무슨 일에 반하거나 혹하여 꼼짝 못 할 때 쓰는 관용어입니다.

9 DAY

1 ③ **2** 태희 **3** ③ **4** (1) 희망의 돌 (2) 아름다운
교향곡 **5** ③ **6** (3) ○ **7** (2) ○

어휘력 강화 **1** (1) 신조 (2) 불의 (3) 조처 (4) 억압
2 (1) ㉮ (2) ㉰ (3) ㉯ **3** (3) ○

1 이 글에는 주장하려고 하는 내용이 잘 드러납니다.

2 이 글에서는 자신이 가진 꿈의 내용을 하나씩 풀어서 설명하고 있습니다. 앨라배마 주지사와 나눈 대화를 인용하거나 미시시피와 앨라배마의 차이점을 제시하지는 않았습니다.

3 흑인들은 피부색으로 인해 차별받았고, 인격에 따라 평가받지 못했습니다.

4 '절망의 산'을 개척하여 '희망의 돌'을 찾아낼 수 있을 것이라고 하였고, '소란스러운 불협화음'을 형제애로 가득 찬 '아름다운 교향곡'으로 변화시킬 수 있을 것이라고 하였습니다.

5 노예였던 부모의 자식과 그 노예의 주인이었던 부모의 자식들이 형제애의 식탁에 함께 둘러앉는 날이 오리라는 꿈을 꾸고 있습니다. 따라서 노예였던 부모와 노예의 주인이었던 부모가 평등할 수 있다고 생각할 것입니다.

6 이 글에서 말하는 '꿈'은 흑인과 백인이 평등한 사회에서 함께 살아가는 일을 말합니다.

7 2020년 6월 미네소타 주에서 일어난 사건은 흑인에 대한 차별 때문에 발생한 것이므로, 흑인들의 상황은 여전하지만 흑인의 자유와 평등을 위해 싸워 나가자고 말할 수 있습니다.

어휘력 강화

1 (2) **불의**: 의리, 도의, 정의 등에 어긋남.
(4) **억압**: 자기의 뜻대로 자유로이 행동하지 못하도록 억지로 억누름.

2 (1)의 '손'은 '일을 하는 사람.'이라는 뜻으로 쓰였고, (2)의 '손'은 '어떤 사람의 영향력이나 권한이 미치는 범위.'라는 뜻으로 쓰였으며, (3)의 '손'은 '손끝의 다섯 개로 갈라진 부분.'이라는 뜻으로 쓰였습니다.

3 함께 자유를 위해 싸우는 내용과 관련 있는 속담은 쉬운 일이라도 협력하면 훨씬 쉽다는 말인 '백지장도 맞들면 낫다'입니다.

10 DAY

1 ① **2** ㉮ **3** ④ **4** ⑤ **5** ⑤ **6** 채은
7 (2) ×

1 글 ㉮와 ㉯는 이야기의 주인공인 '나'가 자신의 이야기를 직접 읽는 이에게 들려주고 있습니다.

자세하게
② 글 ㉮에서 사건이 벌어지는 장소는 농촌이고, 글 ㉯에서 사건이 벌어지는 장소는 목장입니다.
③ 글 ㉮에서 사건이 벌어지는 때는 낮이고, 글 ㉯에서 사건이 벌어지는 때는 한밤중입니다.
④ 글 ㉮에서 사건을 이끌어 가는 '나'는 농촌에서 일하는 어수룩한 인물이고, 글 ㉯에서 사건을 이끌어 가는 '나'는 가축을 기르는 일을 하는 순수한 인물입니다.
⑤ 글 ㉮와 ㉯는 인물들이 주고받는 말뿐만 아니라 인물의 행동, 생각 등을 설명하는 내용을 통해 사건을 전개합니다.

2 글 ㉮는 강원도의 어느 시골 마을을 배경으로 하기 때문에 농촌 생활의 느낌이 나는 말이나 강원도 지방의 사투리를 사용해서 향토적이고 정겨운 느낌을 줍니다.

3 글 ㉮에서 '나'와 점순이는 서로 내외하는 사이이기 때문에 마음을 터놓지 못했습니다.

4 ㉮는 밤낮 일만 하는 '나'에 대한 불만이 담겨 있는 말이므로, 강하고 불만스러운 목소리로 읽어야 실감 납니다. ㉯는 별도 결혼을 한다는 것을 듣고 신기한 마음이 담겨 있는 말이므로, 신기하고 궁금해하는 목소리로 읽어야 실감 납니다.

5 '청명한'은 '날씨가 맑고 밝은.'이라는 뜻으로 쓰였습니다.

6 글 ㉯에서 목동은 별에 대한 설명을 듣다가 자신의 어깨에 기대어 잠들어 버린 아가씨의 모습을 사랑스럽게 여기며 따스한 시선으로 바라보고 있으므로 채은이가 잘못 말하였습니다.

7 글 ㉮의 '별'은 아가씨에 대한 목동의 사랑을 의미하고, 주어진 시의 '별'은 멀리 있는 것들에 대한 그리움을 의미한다는 점에서 모두 소중한 대상을 상징한다고 볼 수 있습니다. 글 ㉯의 '별'은 목동이 사랑하는 아가씨와 함께 바라보고 있는 것일 뿐, 별을 보며 과거에 대해 반성하고 있지는 않습니다. 주어진 시에서는 '별'을 보며 소학교 때의 친구들의 이름을 불러 본다는 점에서 과거를 추억하게 한다고 볼 수 있습니다.

1 (3) ○　**2** 결말　**3** ④　**4** ⑤　**5** ①　**6** (예) 양심을 지키는 일보다 자신의 이익을 중시하는 삶을 비판하고 있다.　**7** (1) ×

어휘력 강화　**1** (1) 자초지종　(2) 쾌감　(3) 생채기
(4) 검부러기　**2** (1) 배신하다
(2) 해체하다　(3) 도피하다　**3** (1) ○

1 수남이의 자전거가 신사의 자동차에 흠집을 낸 사건을 중심으로 수남이와 신사의 갈등이 일어났습니다.

2 주어진 내용은 주인 영감에게 실망한 수남이가 자신을 도덕적으로 견제해 줄 어른인 아버지가 계신 고향으로 돌아가기로 결심하는 부분입니다. 이때 갈등이 해소되고 있으므로 '결말'에 해당합니다.

3 신사는 자신의 자동차가 우그러졌다며 수남이를 윽박지르고 있습니다. 따라서 '몹시 노하여 펄펄 뛰며 성을 냄.' 이라는 뜻의 '노발대발(怒發大發)'이 어울립니다.

4 자전거를 들고 도망가라고 말하는 구경꾼들은 무책임하고 이기적인 성격입니다.

5 수남이는 자전거를 들고 도망가며 자동차 수리비에 대한 걱정에서 벗어나 해방감을 느끼고 있습니다.

6 자신의 이익만 챙기려는 신사, 이기적인 구경꾼, 비양심적인 주인 영감을 통해 양심을 지키는 것보다 자신의 이익을 중시하는 삶을 비판하고 있습니다.

7 처음 전기용품 도매상에서 일하게 되었을 때 주인 영감에게 고마움을 느꼈던 수남이는 ㉢에서 주인 영감이 부도덕하고 비양심적인 인물임을 깨닫게 됩니다.

어휘력 강화

2 (1) **배반하다**: 믿음과 의리를 저버리고 돌아서다. ㉫ 배신하다
(2) **분해하다**: 여러 부분이 결합되어 이루어진 것을 그 낱낱으로 나누다. ㉫ 해체하다
(3) **도망가다**: 피하거나 쫓기어 달아나다. ㉫ 도피하다

3 자전거 도둑이 된 소년이 양심의 가책을 느끼는 부분입니다. 작은 나쁜 짓도 자꾸 하게 되면 큰 죄를 저지르게 됨을 비유적으로 이르는 말인, '바늘 도둑이 소도둑 된다'가 어울립니다.

1 ②　**2** ④　**3** (1) 구들장　(2) 부넘기　**4** ㉮
5 (1) 전도　(2) 복사　(3) 대류　**6** 유현　**7** (3) ○

어휘력 강화　**1** (1) 연도　(2) 추정　(3) 난방　(4) 고랑
2 (1) 통과하고　(2) 지폈다　(3) 가열했다
3 (1) ○

1 이 글은 구들(온돌)에 대해 자세히 설명하고 있습니다.

2 부넘기는 고래로 연기가 잘 빨려 들게 하고 재를 가라앉히는 기능을 합니다.

3 ㉮는 고래를 덮은 구들장입니다. ㉯는 아궁이와 고래 사이에 있는 턱인 부넘기입니다.

4 『　』부분은 전체를 여러 부분으로 나누어 설명하는 '분석'의 방법을 사용하고 있습니다. 이와 같은 방법으로 자동차의 구조를 설명할 수 있습니다. ㉯는 정의, ㉰는 비교와 대조, ㉱는 분류의 방법으로 설명할 수 있습니다.

5 (1)은 '전도', (2)는 '복사', (3)은 '대류' 현상을 의미합니다.

6 구들의 어원에 대한 내용은 추정한 내용만 간단히 나와 있으므로, 이와 관련된 전문가의 의견을 제시하면 신뢰성을 높일 수 있습니다.

7 벽난로는 주변의 공기만 데우고 연기가 굴뚝으로 바로 빠져나가기 때문에 불이 꺼지면 열기가 금방 식습니다. 그러나 구들은 연기가 고래를 지나는 동안 구들장에 열이 저장되고, 그 열이 방 안에 천천히 퍼져 나가 오랫동안 방 전체를 따뜻하게 합니다.

어휘력 강화

1 (4) **고랑**: 두둑한 땅과 땅 사이에 길고 좁게 들어간 곳.

2 (1) **지나다**: 어디를 거치어 가거나 오거나 하다.
　　통과하다: 어떤 곳이나 때를 거쳐서 지나가다.
(2) **때다**: 아궁이 따위에 불을 지피어 타게 하다.
　　지피다: 아궁이 따위에 땔나무를 넣어 불을 붙이다.
(3) **데우다**: 식었거나 찬 것을 덥게 하다.
　　가열하다: 어떤 물질에 열을 가하다.

3 옛날에 사용하던 구들을 현대의 온수 바닥 난방법으로 되살린 예이므로 '온고지신(溫 따뜻할 온, 故 옛 고, 知 알 지, 新 새로울 신)'이 어울립니다.

1 ②　2 ③　3 (3) ×　4 (3) ○　5 ②　6 (2) ×
7 ⑤

어휘력 강화　1 (1) 틈새　(2) 고안　(3) 극비리　(4) 수식
　　　　　　2 (2) ○　3 (3) ○

1 이 글은 실제 살았던 인물의 생애와 업적 등을 쓴 전기문
입니다. 이 글에서는 파인만의 삶을 시간 순서대로 정리
하여 보여 주고 있습니다.

2 ❶문단의 맨해튼 프로젝트에 대한 내용으로 보아 과학자
들이 극비리에 무기를 개발하는 데 동원되었다는 것을
알 수 있습니다.

3 ❸문단은 파인만이 노벨상 수상을 거부했다가 다시 받기
로 한 내용이므로 파인만이 강의실에서 강의하는 모습이
담긴 사진은 어울리지 않습니다.

4 규칙과 규율을 중시했다면 부인과 암호 편지를 주고받지
않았을 것이므로 (1)은 알맞지 않습니다. 친구의 조언을
듣고 결정한 일을 바꾼 것은 귀찮은 일을 피하기 위해서
이므로 (2)도 알맞지 않습니다.

5 '입문하는'은 '무엇을 배우는 길에 처음 들어서는.'을 뜻하
므로 '깊이 아는'과 바꾸어 쓸 수 없습니다.

6 '숨을 돌리다'는 '가쁜 숨을 가라앉히다.' 또는 '잠시 여유
를 얻어 휴식을 취하다.'라는 뜻입니다.

7 노벨상을 거절하려고 한 것에 대해 비판한 ⑤는 과학자
의 윤리나 사회적 책임과 관련 없는 내용이므로 알맞지
않습니다.

어휘력 강화

1 (1) **틈새**: 벌어져 난 틈의 사이.
　(4) **수식**: 수 또는 양을 나타내는 숫자나 문자를 계산 기
　　　호로 연결한 식.

2 ⊙보기⊙와 (2)의 '불려'는 '말이나 행동 따위에 주의가 끌
리거나 가게 되어.'라는 뜻입니다. (1)의 '불려'는 '바람에 의
해 어느 방향으로 움직여져.'라는 뜻으로 쓰였습니다. (3)
의 '불려'는 '분량이나 수효를 많아지게 해.'라는 뜻으로
쓰였습니다.

3 과학자로 성공한 파인만이 어려서부터 과학에 관심이 많
고 기계에 소질을 보였다는 내용이므로, 잘될 사람은 어
려서부터 남달리 장래성이 엿보인다는 말인 '될성부른 나
무는 떡잎부터 알아본다'가 알맞습니다.

1 ②　2 (2) ○　3 ③, ④　4 ②　5 예 반려동물 문
화를 개선하기 위해 노력해야 한다.　6 ③　7 (3) ○

어휘력 강화　1 (1) 장려하다　(2) 교감하다　(3) 엄중하다
　　　　　　(4) 해소하다　2 (1) ㉰　(2) ㉮　(3) ㉯
　　　　　　3 (2) ○

1 ❷문단의 중심 내용은 반려동물이 늘어난 만큼 유기 동
물도 늘어나고, 펫티켓 부족으로 반려인과 비반려인의
갈등이 증가하고 있는 것이 문제라는 것입니다.

2 ❶문단과 ❷문단은 서론, ❸문단과 ❹문단은 본론, ❺
문단은 결론입니다.

3 전국의 동물 보호소에서 수용할 수 있는 유기 동물의 수
보다 더 많은 동물이 버려지고 있다는 내용을 ❷문단에
서 확인할 수 있습니다.

4 '캠페인을 벌여야 한다'와 어울리려면 ㉡은 '반드시'로 고
쳐 써야 합니다.

5 글쓴이는 개개인이 생명 존중에 대한 인식을 가지고 사
회 전반에 펫티켓을 지키는 분위기를 형성해 반려동물
문화를 개선해야 한다고 주장하였습니다.

6 반려견 입양 구조가 문제라는 한국 동물 보호 협회 관계
자의 말은 반려 문화를 개선해야 한다는 주장을 잘 뒷받
침해 줍니다.

7 동물 학대 사건을 본 글쓴이는 생명 존중에 대한 인식이
부족하다는 것을 지적하고 이에 대한 교육이 필요하다고
말할 것입니다.

어휘력 강화

1 (1) **장려하다**: 좋은 일에 힘쓰도록 북돋아 주다.
　(2) **교감하다**: 서로 접촉하여 따라 움직임을 느끼다.
　(3) **엄중하다**: 예사로 여길 수 없을 정도로 중대하다.

2 (1) **맞다**: 쏘거나 던지거나 한 물체가 어떤 물체에 닿다.
　(2) **맞다**: 말이나 사실 따위가 틀림이 없다.
　(3) **맞다**: 시간이 흐름에 따라 오는 어떤 때를 대하다.

3 유기 동물이 버려져 죽을 뻔하다가 살아났다는 내용에
어울리는 사자성어는 '구사일생(九 아홉 구, 死 죽을 사 ,
一 하나 일, 生 살 생)'입니다.

1 ③ **2** ⑤ **3** (1) ○ (4) ○ **4** ③ **5** ④ **6** 승윤
7 (1) ○

1 글 **가**에서는 '서희', 글 **나**에서는 '광해군'의 업적을 분석하여 인물에 대해 재평가하고 있습니다.

2 서희는 송나라를 무너뜨리려는 거란의 의도를 간파하고 거란에게 여진을 몰아내고 길을 열게 도와 달라는 새로운 제안을 했습니다.

3 글 **나**의 두 번째 문단에는 광해군이 임진왜란으로 인한 피해를 완전히 복구하지 못한 상황에서 전쟁을 피하기 위해 중립 외교를 선택했다는 내용이 나옵니다. 그러므로 광해군은 전쟁을 하는 데 부정적이고 전쟁 복구 작업을 중요하게 생각했음을 알 수 있습니다. 그리고 명분보다는 실제로 얻는 이익을 중요하게 생각했다는 것을 알 수 있습니다.

4 ㉠을 중심으로 앞에서는 광해군의 외교 정책에 대한 장점을 이야기했으나 뒤에서는 단점을 이야기하고 있으므로 '그러나'가 들어가야 합니다.

자세하게

① '비록'은 '～일지라도'와 호응합니다.
② '별로'는 '없다', '않다' 등과 호응합니다.
④ '그리고'는 앞뒤의 내용이 연결될 때 사용합니다.
⑤ '왜냐하면'은 '～ 때문이다'와 호응합니다.

5 글 **가**에는 고려의 외교 정책이 나타나 있고, 글 **나**에는 조선의 외교 정책이 나타나 있으므로 고려와 조선의 대외 관계를 다룬 책을 더 찾아보는 것이 알맞습니다.

6 외교 관계는 현재에도 중요하므로, 서희의 협상은 재조명되어야 한다는 글 **가**의 주장은 가치 있습니다. 광해군에 대한 역사적 사실을 바꿀 수 없다고 하더라도 글 **나**의 주장과 같이 평가는 달라질 수 있으므로 민지는 잘못 말하였습니다. 글 **가**에는 고려를 둘러싼 국제 정세를 자세히 설명하고 있으므로 정호는 알맞지 않고, 글 **나**에서는 광해군의 외교 정책에 대한 장단점을 모두 근거로 제시하고 있으므로 인영이도 알맞지 않습니다.

7 주어진 글에서는 아메리카 대륙을 발견한 콜럼버스에 대한 새로운 평가를 제시하고 있습니다. 역사적 평가가 시대에 따라 달라질 수 있다고 보는 글 **가**와 **나**의 관점에서는 주어진 글처럼 콜럼버스를 원주민 학살자로 재평가할 수 있다고 생각할 것입니다.

---

1 ①, ③ **2** ⑤ **3** 인왕산 **4** ⑤ **5** 서울 시민들
6 도훈 **7** ㉡

어휘력 강화 **1** (1) 혼잡 (2) 개발 (3) 제한 **2** ⑤
3 (1) ○

1 이 시는 서울 꿩을 소재로 하여 도시 속에 갇혀 사는 사람들의 모습을 그리고 있습니다. 또한 구체적인 지명을 사용하여 사실적으로 표현하고 있습니다.

2 꿩의 모습을 통해 도시 개발로 인해 자연이 훼손되고, 현대 문명 속에서 갑갑하게 살아가는 도시인의 삶을 나타내고 있습니다.

3 이 시의 1연에는 서울 꿩이 사는 공간을 말해 주고 있습니다. 그러나 3연에 나오는 '인왕산'이나 '안산'은 꿩이 가고 싶은 공간으로 나머지와 의미하는 바가 다릅니다.

4 ㉠은 꿩들을 서울 시민들에 직접 비유하면서, 사람이 아닌 것을 사람처럼 표현하는 의인법을 사용하였습니다. ①과 ③은 은유법을 사용하였고, ②는 시각적 표현이 두드러지며, ④는 청각적 표현이 두드러집니다.

5 이 시의 3연에는 인왕산이나 안산으로 날아갈 수 없어서 삭막한 돌산에 갇혀 버린 꿩들을 '서울 시민들'에 빗대어 표현하고 있습니다.

6 서울 꿩은 개발 제한 구역인 홍제동 뒷산에 살고 있으며, 인왕산이나 안산으로 날아갈 수 없어 갇혀 살고 있으므로 한슬이와 유라의 감상평은 알맞지 않습니다.

7 현대 문명 속에서 갑갑하게 살아가는 도시인의 모습을 나타낸다고 할 때, 제목을 '안산 꿩'으로 바꾸고 자연으로 돌아간 꿩의 자유로운 모습을 표현하는 것은 주제와 어울리지 않습니다.

어휘력 강화

1 (2) **개발**: 토지나 천연자원 따위를 유용하게 만듦.
　(3) **제한**: 일정한 한도를 정하거나 그 한도를 넘지 못하게 막음. 또는 그렇게 정한 한계.

2 문제 보기에 제시된 낱말들은 남-여 혹은 암-수 성별을 기준으로 반대의 의미를 갖고 있습니다. 반면 '꿩병아리'는 '꿩의 어린 새끼'를 뜻하는 말로 낱말의 관계가 다릅니다.

3 밑줄 친 부분은 서울 꿩과 도시인의 애달픈 삶의 모습이 닮아 있다고 하였으므로 '동병상련(同 같을 동, 病 병 병, 相 서로 상, 憐 불쌍히 여길 련)'이 어울립니다.

1 ⑤ **2** ㉯ **3** ④ **4** (1) **3** (2) **5** **5** ⑤ **6** ④
7 (3) ○

어휘력 강화   **1** (1) 출전 (2) 구간 (3) 공동체 (4) 혁신적
2 (1) 맞춰 (2) 돋우었다 (3) 벌이고
3 (4) ○

1 힙합은 랩, 디제잉, 브레이크 댄스, 그라피티로 이루어진
다고 하였으므로 그라피티도 힙합 문화로 볼 수 있습니다.

2 이 글은 힙합 문화의 유래와 탄생을 밝히는 글이므로 ㉯
와 같은 제목이 어울립니다.

3 **4**문단에서는 합합의 핵심 요소 중 하나인 '랩'의 유래와
탄생에 대하여 설명하고 있습니다.

4 (1) 디제이가 턴테이블과 레코드판으로 음악을 만드는 사
진이므로, '디제잉'에 대해 설명하는 **3**문단에 어울립
니다.
(2) 그라피티가 그려진 벽을 바라보는 사진이므로, '그라
피티'에 대해 설명하는 **5**문단에 어울립니다.

5 ㉠은 힙합 문화를 이루고 있는 핵심 요소를 랩과 디제잉,
브레이크 댄스, 그라피티로 나누어 설명하고 있는 부분
입니다.

6 '춤'은 '브레이크 댄스'를 포함하는 말입니다. ④의 '지구'
는 '화성'을 포함할 수 없습니다.

7 이 글에서는 힙합 문화가 흑인들이 음악과 춤을 즐기던
파티에서 생겨났다고 하였습니다. 주어진 내용에서는 힙
합의 유래에 대한 고려 없이 힙합이 저항의 음악, 현실
비판의 음악이라는 점만 강조하고 있으므로 (3)과 같이
비판할 수 있습니다.

어휘력 강화

2 (1) **맞추다**: 어떤 기준이나 정도에 어긋나지 않게 하다.
(2) **돋우다**: 감정이나 기색 따위를 생겨나게 하다.
(3) **벌이다**: 일을 계획하여 시작하거나 펼쳐 놓다.

3 '마음을 들뜨게 하다.'라는 뜻의 관용어는 '가슴을 뒤흔들
다'입니다. (1)은 '이익 따위를 혼자 차지하거나 가로채고
서는 시치미를 떼다.', (2)는 '어떤 일을 힘들게 억지로 참
다.', (3)은 '마음을 아프게 하다.'라는 뜻입니다.

1 ③ **2** ② **3** ① **4** (3) ○ **5** ② **6** ㉮
7 (3) ○

어휘력 강화   **1** (1) 복무 (2) 경작 (3) 면제 (4) 동원
2 (3) ○   **3** (1) ○

1 조선 시대 군역의 문제점을 설명하는 글이므로, ③이 제
목으로 알맞습니다.

2 향교의 학생은 군역을 합법적으로 면제받을 수 있었으므
로, 군대에서 복무하고 싶지 않아서 향교에 학생으로 등
록하는 사람이 많았습니다.

3 ㉠'제외한'은 '따로 떼어 내어 한데 헤아리지 아니한.'이라
는 뜻이고, '포함한'은 '어떤 사물이나 현상 가운데 함께
들어가게 하거나 함께 넣은.'이라는 뜻입니다.

4 ㉮는 현대와 조선 시대 군대 복무 기간의 차이점을 설명
하고 있습니다. 이와 같이 '대조'의 방법으로 설명한 것은
(3)입니다. (1)은 예시, (2)는 분류, (4)는 정의의 방법으로
설명하였습니다.

5 ㉯의 앞부분에서 대립과 같이 불법적으로 군역을 면제
받는 경우가 있었다는 것을 알 수 있으므로 군역 제도가
흔들렸음을 짐작할 수 있습니다.

6 조선 시대에 합법적으로 군역을 면제받을 수 있는 사람
은 현직 관리, 성균관·사학·향교의 학생, 지체 장애인,
70세 이상의 부모를 모신 아들 한 명, 90세 이상의 부모
를 모신 아들 모두, 도첩을 받은 승려 등입니다.

7 조선 후기에 신분제가 흔들리면서 돈으로 양반의 신분을
사는 사람들이 많아졌습니다. 양반이 되어 군역에서 빠
져나가는 사람이 늘어날수록 평민들이 군역을 더 많이
부담할 수밖에 없었을 것입니다.

어휘력 강화

2 ㅇ보기ㅇ의 '지다'와 같이 '책임이나 의무를 맡다.'라는 뜻으
로 쓰인 것은 (2)입니다.

3 군포를 가혹하게 거두어들인 상황과 관련 있는 사자성어
는 '가렴주구(苛 잔풀 가, 斂 거둘 렴, 誅 벨 주, 求 구할
구)'입니다.

1 ② **2** ③ **3** ❸, ❹ **4** ③ **5** ①, ② **6** 명신
7 (2) ○

어휘력 강화 | **1** (1) 판정 (2) 침해 (3) 생산성 (4) 적성
2 (1) 늘였다 (2) 늘여서 (3) 늘려야
(4) 늘리면 **3** (2) ○

1 이 글에는 장애인 노동에 대한 관점을 바꾸고 장애인을 위한 공공 일자리를 더 많이 마련해서 장애인 고용률을 더 높여야 한다는 주장이 드러납니다.

2 2018년 30대 대기업의 장애인 고용률은 2.14%에 그쳤다는 내용만 나와 있습니다.

3 ❶~❷문단이 서론, ❸~❹문단이 본론, ❺문단이 결론입니다.

4 장애인에 대한 편견을 지적하며, 그러한 편견을 버리고 새롭게 바라보아야 한다는 내용이 나와 있으므로, ㉠과 ㉡에는 '인식'이 들어가야 합니다.

5 ㉢에는 모든 국민에게 공통으로 적용되는 근로와 관련된 헌법 조항인 ①, ②가 들어가야 합니다.

6 인권 침해는 인권 전문가가 상담하는 것이 더 전문성 있어 장애인의 공공 일자리에 대한 예로 타당하지 못하므로 명신이가 잘못 비판하였습니다.

7 글쓴이는 장애인 고용률을 높이기 위해 장애인이 일할 수 있는 공공 일자리를 더 많이 마련해야 한다고 주장하고 있습니다. 그런데 주어진 사례에서는 장애인도 체계적인 교육과 훈련을 통해 공공 일자리뿐만 아니라 일반 민간 기업에서도 일할 수 있다는 것을 보여 줍니다.

어휘력 강화

2 (1)과 (2)에 알맞은 '늘이다'는 '본디보다 더 길어지게 하다.'라는 뜻입니다. (3)과 (4)에 알맞은 '늘리다'는 '수나 분량 따위를 본디보다 많아지게 하다.'라는 뜻입니다.

3 어떤 일이나 물건이 어쩌다 하나씩 드문드문 있는 경우를 뜻하는 '가물에 콩 나듯'이 들어가야 합니다.

---

1 ④ **2** ④ **3** 고래 **4** ① **5** 윤호 **6** ②
7 (2) ○

1 시 **가**와 글 **나**에서는 구체적인 사물을 통해 추상적인 의미를 나타내는 '상징'의 표현 방법을 사용하고 있습니다.

2 시 **가**에서는 청소년들에게 꿈과 희망을 추구하며 살아가기를 당부하는 말을 전하고 있습니다. 그리고 글 **나**에서는 주인공인 '나'가 정신적·이상적 가치를 추구하는 모습이 나타나 있습니다. 따라서 두 작품은 꿈과 목표, 이상을 추구하며 살아야 한다는 주제를 공통으로 전하고 있습니다.

3 시 **가**에서 푸른 바다에 살고, 별을 바라보며, 꿈과 희망, 목표를 추구하는 존재는 '고래'입니다.

4 보기에서는 전하려는 내용을 직접적으로 전하고 있습니다. 그러나 ㉠에서는 '희망을 가지고 살아가는 세상'을 '푸른 바다'로 표현하고, '꿈과 이상을 추구하는 존재'를 '고래'로 표현하고 있어 문장의 의미가 직접적으로 드러나지 않습니다.

자세하게

상징의 표현 효과
① 말하고자 하는 바를 깊이 생각해 보게 합니다.
② 말하고자 하는 바를 인상적으로 전달합니다.
③ 말하고자 하는 바를 풍부하게 전달합니다.
④ 문학적인 아름다움을 느끼게 합니다.

5 시 **가**의 청년은 고래를 키우는 존재이므로, 꿈과 이상을 추구하는 존재라고 할 수 있습니다. 따라서 아직 꿈을 찾지 못해 방황하는 자신의 모습을 시에서 말하는 청년 같다고 생각한 윤호는 알맞지 않습니다.

6 ㉡은 '꿈, 희망, 목표, 이상' 등을 상징하고, ㉣은 '동심의 세계, 이상적·정신적 가치'를 상징하여 그 의미가 관련 있습니다. ㉢, ㉤, ㉥은 '어른들의 세계, 현실적·물질적 가치'를 상징합니다.

7 글 **나**에서 '나'는 보아 구렁이를 삼킨 뱀을 그림으로 그립니다. 그런데 어른들은 이 그림을 보고 '모자'라고 생각하는 상황이 나타나 있습니다. 이는 '나'에게는 순수한 동심이 있지만, 어른들에게는 없기 때문에 일어나는 일입니다. 따라서 이상적·정신적 가치를 중요하게 생각하는 아이와 현실적·물질적 가치를 중요하게 생각하는 부모님과의 의견 충돌이 나타난 (2)가 글 **나**와 비슷한 경험이라고 할 수 있습니다.

1 ① **2** 발단 **3** ③ **4** (1) ○ **5** ⑤ **6** ③

7 ②, ④

어휘력 강화   **1** (1) 승낙 (2) 시세 (3) 탄식 (4) 밑천

         2 (1) 본디 (2) 가까스로 (3) 으뜸가는

         3 (2) ○

1 이 글은 조선을 배경으로 이야기가 전개되고 있습니다.

2 글 **1**에서는 배경과 주인공 허생을 비롯한 인물이 소개되고, 사건이 시작되고 있으므로 '발단'에 해당합니다.

3 허생은 과거 급제에 관심이 없고 학문적 성취를 이루기 위해 글을 읽습니다.

4 허생의 아내는 무능력한 남편을 대신해서 집안을 책임지는 인물로 현실적인 가치를 중요하게 여깁니다. 변 씨는 처음 만난 허생의 비범함을 알아보고 일만 냥이라는 큰 돈을 빌려주는 것으로 보아 사람을 보는 안목이 있고 대범한 성격임을 알 수 있습니다.

5 이 글에서 변씨가 허생의 부탁을 들어준 것은 신분의 차이 때문이 아니라 허생의 비범함을 보았기 때문입니다. 따라서 ⑤는 알맞지 않습니다.

6 '입에 풀칠하다'는 '근근이 살아가다.'라는 뜻입니다.

7 허생이 제사 음식으로 쓰는 과일을 모두 거두어 사들이자 과일 가격이 열 배까지 올랐습니다. 이를 통해 나라의 경제 규모나 형편이 허약한 것과 실속 없이 겉만 거창하게 꾸미는 양반들의 허례허식을 비판하고 있습니다.

어휘력 강화

1 (1) **승낙**: 청하는 바를 들어줌.
    (3) **탄식**: 한탄하여 한숨을 쉼. 또는 그 한숨.
    (4) **밑천**: 어떤 일을 하는 데 바탕이 되는 돈이나 물건, 기술, 재주 따위를 이르는 말.

2 (1) **본래**: 처음부터 또는 근본부터. 비 본디
    (2) **겨우**: 어렵게 힘들여. 비 가까스로
    (3) **제일가다**: 여럿 가운데서 가장 뛰어난 것으로 꼽다.
       비 으뜸가다

3 집에서 글만 읽는 허생에게 어울리는 사자성어는 '백면서생(白 흰 백, 面 낯 면, 書 글 서, 生 날 생)'입니다.

1 ③ **2** ④ **3** ㉣ **4** (1) ○ **5** (2) ○ **6** 재환

7 ③

어휘력 강화   **1** (1) 예측 (2) 수축 (3) 관측 (4) 발산

         2 (1) 발견되었다 (2) 발명되어 (3) 발명된

         (4) 발견되고   **3** (3) ○

1 이 글에서는 블랙홀을 직접 관측하는 데 성공한 일에 대해 설명하고 있으므로, ③이 제목으로 알맞습니다.

2 블랙홀은 거대한 별이 수명을 다할 때 자신의 중력으로 인해 폭발적으로 수축하면서 만들어집니다.

3 ㉣ '사건의 지평선'은 블랙홀 주변에서 빛이나 다른 물질이 탈출할 수 없는 경계면을 가리키는 말입니다.

4 ㉮는 대상의 뜻을 분명하게 밝혀 설명하는 '정의'의 방법으로 블랙홀을 설명했습니다. (1)에서도 이와 같은 방법으로 국토의 뜻을 설명했습니다.

5 마지막 문단에서 검은 중심부인 블랙홀과 주변으로 '사건의 지평선'이라고 불리는 블랙홀의 그림자가 드러나 있고, 빛이 고리 모양으로 휘어 블랙홀을 휘감고 있는 붉은 도넛 모양의 사진이 공개됐다고 하였습니다. 이와 관련된 자료는 (2)입니다.

6 이 글에 블랙홀의 생성 원리와 관련된 실험 과정은 제시하지 않았으므로 재환이는 잘못 말하였습니다.

7 주어진 글에서는 사물에서 반사된 빛 때문에 사진을 찍을 수 있다고 하였습니다. 그런데 블랙홀은 사진으로 찍기 어렵다고 하였으므로, 블랙홀은 빛을 흡수할 뿐 반사하지 않는다는 것을 짐작할 수 있습니다.

어휘력 강화

2 (1)과 (4)에 알맞은 '발견하다'는 '미처 찾아내지 못하였거나 아직 알려지지 아니한 사물이나 현상, 사실 따위를 찾아내다.'라는 뜻입니다. (2)와 (3)에 알맞은 '발명하다'는 '아직까지 없던 기술이나 물건을 새로 생각하여 만들어내다.'라는 뜻입니다.

3 과학자들이 노력한 끝에 블랙홀을 볼 수 있게 된 것이므로, '업적이나 보람 따위가 드러나게.'라는 뜻의 '빛을 보게'가 들어가야 알맞습니다.

1 ①, ④ **2** ⑤ **3** (1) ㉠, ㉣ (2) ㉡, ㉤ (3) ㉢, ㉥
4 ④ **5** ② **6** ④ **7** (2) ○ (3) ○

어휘력 강화 **1** (1) 통상 (2) 닫집 (3) 누각 (4) 요새

　　　　　　 2 (3) ○ **3** (2) ○

1 이 글은 글쓴이가 여행을 다녀와서 쓴 기행문으로, 강화도에 다녀온 경험을 읽는 이에게 전달하고 있습니다.

2 ❺문단은 정족산성이 아니라 전등사를 관람한 경험에 대해 썼습니다.

3 ㉠과 ㉣은 여행의 일정이나 과정이 나타나 있으므로 '여정'에 해당합니다. ㉡과 ㉤은 여행에서 보고 들은 것이 나타나 있으므로 '견문'에 해당합니다. ㉢과 ㉥은 여행을 하면서 생각하거나 느낀 점이 나타나 있으므로 '감상'에 해당합니다.

4 초지진을 떠나 전등사로 향하는 여정이 나타나 있으므로, ❹문단의 앞부분에 들어가야 합니다.

5 '가슴이 저미다'는 '생각이나 느낌이 매우 심각하고 간절하여 가슴을 칼로 베는 듯한 아픔을 느끼게 하다.'라는 뜻입니다. '가슴이 찔리다'는 '심한 양심의 가책을 받다.'라는 뜻이므로 바꾸어 쓸 수 없습니다.

6 홍이포는 지금 초지진에 전시되어 있고, 홍이포를 복원할 때 장택상 씨의 아들이 기증한 것이라고 밝혔습니다.

7 주어진 글에는 바람직한 답사 여행 방법으로 사전 공부와 구석구석 돌아보기를 권하고 있습니다. 현수는 여행전 사전 공부와 관련하여 글을 바르게 이해했고, 남희는 구석구석을 돌아보는 방법과 관련하여 글을 바르게 이해했습니다.

어휘력 강화

1 (3) **누각**: 사방을 바라볼 수 있도록 문과 벽이 없이 다락처럼 높이 지은 집.
　 (4) **요새**: 군사적으로 중요한 곳에 튼튼하게 만들어 놓은 방어 시설. 또는 그런 시설을 한 곳.

2 **보기**와 (3)의 '일어나다'는 '어떤 일이 생기다.'라는 뜻으로 쓰였습니다.

3 대상에서 가까이 있는 사람이 도리어 대상에 대하여 잘 알기 어렵다는 말인 '등잔 밑이 어둡다'가 알맞습니다.

1 ⑤ **2** ❸ **3** ③ **4** ① **5** 예 신조어 사용을 무작정 막기보다는 새로운 문화로 받아들여야 한다.
6 선우 **7** ①

어휘력 강화 **1** (1) 애환 (2) 경제적 (3) 지표 (4) 염려

　　　　　　 2 ① **3** (1) ○

1 글쓴이의 주장을 뒷받침하는 근거는 본론인 ❷~❹문단에 드러나 있습니다.

2 특정 집단 사이에 유행하는 신조어에 대한 문제점과 이에 대한 반박 의견을 밝히는 뒷받침 내용은 '신조어는 특정 집단끼리 소통하는 표현'임을 밝힌 ❸문단에 들어가야 합니다.

3 ③은 원래 글자를 뒤집어서 나타낸 표현으로, 줄임 말이 아닙니다.

4 ㉡에서 '비록'과 '없는'이 서로 어울리지 않아 어색한 느낌을 줍니다. '없는'과 호응을 이루도록 '비록'을 '결코'로 바꾸어야 자연스럽습니다.

5 글쓴이의 주장은 서론인 ❶문단과 결론인 ❺문단에 드러나 있습니다. 글쓴이가 신조어 사용에 대해 어떤 생각을 보이는지 정리하여 씁니다.

6 신조어 사용이 시대적 배경이 바뀌면서 나타난 자연스러운 현상이라는 첫 번째 근거는 언어의 경제적 측면과 연관지어 설명하여 주장을 잘 뒷받침하고 있으므로 선우는 잘못 판단하였습니다.

7 국립국어원 설문 조사 결과에 따르면 방송에서 신조어를 비롯한 비속어 사용을 제한해야 한다고 응답한 사람이 82.5%입니다. 그러나 글쓴이는 신조어 사용을 새로운 문화로 받아들여야 한다고 생각하므로, 비속어 사용 제한에는 찬성하더라도 신조어 사용 제한에 대해서는 반대할 것입니다.

어휘력 강화

2 빈칸에는 느낌의 뜻을 더하는 말인 '감'이 들어가야 '소속감', '우월감', '초조감'과 같은 낱말이 완성됩니다.

3 또래끼리 소통한다는 내용에 어울리는 사자성어는 '이심전심(以 써 이, 心 마음 심, 傳 전할 전, 心 마음 심)'입니다.

1 ① **2** ㉰ **3** ⑤ **4** ⑤ **5** 예 분수는 인간이 만든 힘으로 중력에 도전하며 물의 본성을 거슬러 운명에 끊임없이 맞서는 존재이기 때문이다. **6** (3) ○ **7** ②

---

1 글 **가** 는 동양의 폭포수와 서양의 분수를 예로 들어 사고 방식의 차이를 설명하였습니다. 글 **나** 는 원숭이, 판다, 바나나의 예를 들어 동서양 사고방식 차이에 대해 설명하였습니다.

2 글 **가** 와 **나** 는 동양과 서양의 차이점을 중심으로 설명하고 있습니다. 이와 같은 대조의 방법으로 설명한 것은 ㉰입니다. ㉮는 분석, ㉯는 정의의 방법으로 설명한 것입니다.

3 ㉠은 ㉡에 포함되는 낱말입니다. 그러나 '원숭이'는 '바나나'에 포함되는 낱말이 아닙니다.

자세하게

낱말의 포함 관계: 포함하는 말은 일반적이고 포괄적인 의미를 나타내고, 포함되는 말은 개별적이고 구체적인 의미를 나타냅니다.

4 만유인력은 중력과 비슷한 의미로 글 **가** 에서 폭포수의 특성을 설명할 때 사용하였습니다. 폭포수는 자연의 물줄기로, 중력에 순응하면서 물의 본성과 천성을 거스르지 않고 살아가는 존재입니다.

5 ㉢에 대한 답을 쓰려면 서양에서 분수를 좋아하는 까닭에 대해 설명해야 합니다. 폭포수와 달리 중력에 도전하는 분수의 특성과 운명에 끊임없이 맞서는 태도를 연관 지어 설명하여야 합니다.

6 글 **나** 에서는 개인 또는 개체를 중시하는 서양은 동물에 속하는 토끼와 다람쥐를, 그리고 관계를 중시하는 동양은 다람쥐와 도토리를 하나로 묶을 것이라는 것을 짐작할 수 있습니다.

7 주어진 글에서는 어느 곳에서든 똑같은 시기에 똑같은 모양으로 뜨는 보름달에 대한 동서양의 서로 다른 인식에 대해 설명하였습니다. 글 **나** 에서는 동서양의 사고방식 차이는 생태 환경에 따라 다르다고 설명하였습니다. 따라서 보름달에 대한 인식 차이도 농업을 중시하는 동양과 조수간만의 차를 두려워한 서양의 생태 환경 차이 때문에 발생한 것이라고 생각할 수 있습니다.

---

1 ④ **2** ① **3** ③ **4** ① **5** (1) × **6** 희민 **7** ⑤

어휘력 강화 **1** (1) 소반 (2) 야광명월 (3) 고국산천 (4) 일편단심 **2** (1) ○ **3** (2) ○

---

1 시조는 고려 말기부터 발달해 온 우리나라 고유의 정형 시입니다. 운율이 있는 언어로 생각이나 느낌을 압축하여 표현한다는 특징이 있습니다.

2 시조 **가** 는 소반 위에 놓인 홍시를 보고 어머께 귤을 가져다 드리려고 한 육적의 고사를 떠올리며 돌아가신 부모님을 생각하는 내용입니다. 따라서 주제는 '지극한 효심'으로 볼 수 있습니다.

3 시조 **나** 의 '고국산천을 떠나고자 하랴마는'으로 보아 글쓴이는 자신의 나라를 떠나야 하는 상황이라는 것을 알 수 있으며 '시절이 하 수상하니 올동말동하여라'로 보아 고국으로 다시 돌아올 날이 언제일지 몰라서 안타까워하는 마음을 느낄 수 있습니다.

4 '삼각산'과 '한강수'는 '고국산천', 즉 고국을 뜻하는 낱말입니다.

5 시조 **다** 의 초장에서는 까마귀의 모습이 희는 듯 검다고 하였는데, 이는 눈비를 맞아 절개나 지조를 지키지 않고 마음을 바꾼 까마귀의 모습을 나타냅니다.

6 시조 **나** 에서는 우리의 자연환경을 깨끗이 잘 지키자는 내용을 전하고 있는 것이 아니라 고국을 떠나야 하는 안타까운 마음을 전하고 있습니다.

7 시조 **다** 의 까마귀는 임을 잃고 외로워하는 글쓴이가 아니라 겉과 속이 다른 간신을 의미합니다. 이와 대조되는 의미를 지닌 '야광명월'이 지조를 잃지 않는 충신인 글쓴이 자신을 의미합니다.

어휘력 강화

2 ○보기○와 (1)의 '곱다'는 '색깔이 밝고 산뜻하여 보기 좋은 상태에 있다.'라는 뜻으로 쓰였습니다. (2)에서는 '만져 보는 느낌이 거칠지 아니하고 보드랍다.'라는 뜻. (3)에서는 '소리가 듣기에 맑고 부드럽다.'라는 뜻, (4)에서는 '가루나 알갱이 따위가 아주 잘다.'라는 뜻으로 쓰였습니다.

3 돌아가신 어버이께 효를 다하지 못한 것을 안타까워하며 무덤 옆에 초막을 짓고 예를 다하는 상황과 관련 있는 사자성어는 '풍수지탄(風 바람 풍, 樹 나무 수, 之 갈 지, 嘆 탄식할 탄)'입니다.

1 ⑤ 2 ⑤ 3 ㉡ 4 ③ 5 **3** 6 규준
7 예 학생을 중심으로 자치회를 만들어 학교 운영에 참여하게 한다.

어휘력 강화 1 (1) 쾌거 (2) 형평성 (3) 개정 (4) 추세
2 (1) ㉯ (2) ㉮ 3 (1) ○

1 이 기사에서는 공직 선거법 개정으로 선거 연령이 만 18세로 낮아졌다는 것과 이로 인해 청소년들에게 정치 교육이 필요하다는 것을 전하고 있습니다.

2 공직 선거법 개정으로 21대 총선에 만 18세 청소년들도 참여했다는 것을 알 수 있습니다.

3 ㉠, ㉢, ㉣에 만 18세로 선거 연령을 낮춘 것에 대한 긍정적인 의견이 드러납니다. ㉡은 사실을 설명한 것입니다.

4 **1**~**3**문단에서는 만 18세로 선거 연령을 낮추는 것과 관련된 내용을 설명하다가 **4**문단에서는 청소년들이 선거권을 가진 뒤에 일어난 상황을 설명하며 화제를 바꾸고 있습니다. 그러므로 '그런데'가 들어가야 알맞습니다.

5 세계 여러 나라의 선거 연령에 대해 설명하고 있는 **3**문단에서 활용할 수 있는 자료입니다.

6 이 기사는 만 18세 청소년들에게 새롭게 선거권이 보장된 현실을 고려할 때 가치 있고 중요하다고 판단할 수 있습니다. 청소년들의 정치 참여는 역사적으로 확인된 사실이고, 고등학생의 인터뷰는 기사의 내용과 관련되어 있으므로 우재와 미희는 잘못 판단하였습니다.

7 보이텔스바흐 합의 내용에 어긋나지 않으면서 효과적으로 정치 교육을 할 수 있는 방법으로 학생 중심 자치회 만들어 운영하기, 모의 선거를 통한 선거 과정 경험하기, 청소년 정치 축제를 통한 정치 관심 가지기, 선거 홍보 동영상 만들어 공유하기 등을 할 수 있습니다.

어휘력 강화

2 '못'은 의지와 상관없이 동작을 할 수 없다거나 상태가 이루어지지 않을 때 사용하고, '안'은 능력은 있지만 자신의 의지로 하지 않을 때 사용합니다.

3 우려의 목소리가 높다는 내용에 어울리는 사자성어는 '노심초사(勞 수고로울 노, 心 마음 심, 焦 그을릴 초, 思 생각 사)'입니다.

1 ③ 2 ② 3 ③ 4 ①, ⑤ 5 ④ 6 찬성-반대
7 ⑤

어휘력 강화 1 (1) 자산 (2) 촉진 (3) 격차 (4) 해소
2 (4) ○ 3 (3) ○

1 ①과 ④는 **4**문단, ②는 **3**문단, ⑤는 **2**문단에서 확인할 수 있습니다.

2 ㉠에서 아버지가 고학력자면 자식이 고학력자일 확률이 높다고 하였으므로 부모의 학력이 자식의 학력에 영향을 준다는 것을 알 수 있습니다.

3 **3**문단에서는 **2**문단에 제시된 빈익빈 부익부 상황의 원인을 설명하고 있습니다.

4 **3**문단에서 소득 격차를 키우는 원인으로 초고액 연봉자인 '슈퍼 경영자'의 등장과 자산의 불평등을 들고 있습니다.

5 ㉤은 미국 알래스카 주에서 한 기본 소득 실험에 대해 설명한 문장으로, 글쓴이의 관점은 나타나지 않습니다.

6 '낮다'와 '높다'처럼 **5**문단에서 뜻이 서로 반대되는 말은 '찬성'과 '반대'입니다.

7 피케티 교수는 소득 불평등을 해소하기 위해 더 많은 사람에게 기회를 주는 포용적인 교육 투자를 해야 한다고 생각합니다. 따라서 대학교까지 무료 교육을 실시하는 것과 같은 포용적인 교육 투자를 하면 소득 불평등을 낮출 수 있습니다.

어휘력 강화

1 (1) **자산**: 소득을 모아서 쌓은 것.
(4) **해소**: 어려운 일이나 문제가 되는 상태를 해결하여 없애 버림.

2 o보기o와 (4)의 '들다'는 '설명하거나 증명하기 위하여 사실을 가져다 대다.'라는 뜻으로 쓰였습니다. (1)에서는 '비나 눈이 그치고 날이 좋아지다.'라는 뜻, (2)에서는 '밖에서 속이나 안으로 향해 가거나 오거나 하다.'라는 뜻, (3)에서는 '날이 날카로워 물건이 잘 베어지다.'라는 뜻으로 쓰였습니다.

3 빈칸에 들어갈 속담은 교육 양극화로 인해 현재 사회에는 낯설어진 말이므로 미천한 집안이나 변변하지 못한 부모에게서 훌륭한 인물이 나는 경우를 이르는 말인 '개천에서 용 난다'가 알맞습니다.

1 ④ **2** ① **3** ④ **4** ① **5** 세미

6 예 GMO 식품은 구입하지 않는다. / 토종 씨앗에 관심을 가지고 직접 키워 본다. **7** ⑵ ○

어휘력 강화 **1** ⑴ 종자 ⑵ 자급률 ⑶ 병충해 ⑷ 변형

　　　　　　2 ⑴ 반드시 ⑵ 별로 ⑶ 만약 **3** ⑴ ○

1 글쓴이는 식량 주권을 지켜 내기 위해 노력해야 한다고 주장하고 있습니다.

2 **1**문단은 문제 상황을 제시하고 있고, **2**문단은 주장을 드러내고 있으며, **3**~**4**문단이 근거를 제시한 본론, **5**문단이 결론입니다.

3 토종 씨앗의 장점은 **4**문단에 나타나 있습니다. 토종 씨앗은 유전자를 변형한 품종이 아니며 외국에 팔 수 있다는 내용은 나와 있지 않습니다.

4 몸과 땅은 둘이 아니고 하나라는 뜻으로, 자기가 사는 땅에서 산출한 농산물이라야 체질에 잘 맞음을 이르는 말은 '신토불이(身土不二)'입니다.

5 식량 전쟁은 최근에 일어나는 문제 상황이므로 글쓴이의 주장은 가치 있다고 판단할 수 있습니다. 따라서 세미는 잘못 말하였습니다.

6 글쓴이는 식량 주권을 지키기 위해 먹거리가 어떤 재료로 만들어졌는지 표시하고, 토종 씨앗을 지켜 내야 한다고 하였습니다. 이와 관련하여 우리가 실천할 수 있는 일을 생각해 봅니다.

7 전염병으로 인해 멸종 위기에 처한 바나나의 예가 나타나 있는데, 이를 바탕으로 하나의 품종만 남았을 때의 위험성을 경고할 수 있습니다. 따라서 다양한 품종을 심어서 생물 다양성을 키워야 한다고 말한 미연이가 알맞습니다.

어휘력 강화

1 ⑶ **병충해**: 농작물이 병과 해충으로 인하여 입은 피해.

⑷ **변형**: 모양이나 형태가 달라지게 함. 또는 그 달라진 형태.

2 ⑴ '반드시'는 '~해야 한다'와 호응을 이룹니다.

⑵ '별로'는 '않았다'와 호응을 이룹니다.

⑶ '만약'은 '~(하)면'과 호응을 이룹니다.

3 식량 주권이 다른 나라에 있다면 우리의 미래는 암울할 것이 분명하다는 내용이므로, 빈칸에는 '명약관화(明 밝을 명, 若 같을 약, 觀 볼 관, 火 불 화)'가 들어가야 합니다.

---

1 ② **2** 딴 **3** ④ **4** ① **5** ⑶ ○ **6** ③ **7** 채은

1 광고 **가**에서는 [배려의 칸]이라고 표현하였는데, 이는 중요한 낱말을 강조하기 위한 것입니다. 그래프나 그림은 나와 있지 않고, 중요한 문구는 큰 글자로 표현했습니다. 그리고 전하려는 내용을 완결된 두 문장으로 표현하고 있습니다.

2 광고 **가**에서는 외국인인 엄마 이름을 쓰기에 너무 좁은 칸을 통해 우리 사회에서 결혼 이주민에 대한 배려가 부족하다는 것을 알리기 위해 가정환경 조사서 사진을 사용했습니다.

3 글 **나**에서 외국에 살고 있는 우리나라 동포의 예를 든 것은 외국 이주민들과 서로 입장을 바꾸어 생각해 보라는 의도로 제시한 것입니다. 외국에 살고 있는 우리나라 동포들이 인종 차별을 겪지 않고 있다는 내용을 설명하지는 않았습니다.

4 '처지를 바꾸어서 생각하여 봄.'을 뜻하는 사자성어인 '역지사지(易地思之)'가 들어가야 알맞습니다.

② 과유불급(過猶不及): 정도를 지나침은 미치지 못함과 같다.

③ 다다익선(多多益善): 많으면 많을수록 더욱 좋다.

④ 대기만성(大器晚成): 큰 그릇을 만드는 데는 시간이 오래 걸린다는 뜻으로, 크게 될 사람은 늦게 이루어짐을 이르는 말.

⑤ 유유상종(類類相從): 같은 무리끼리 서로 사귄다.

5 우리나라에서 '다문화'라는 용어가 차별적으로 쓰인다는 내용을 보고 글 **나**의 글쓴이는 '다문화'라는 용어가 차별적으로 들리지 않도록 노력하자고 주장할 것입니다.

6 광고 **가**는 다문화 가정에 대한 배려가 필요하다는 것을 알리는 공익 광고입니다. 글 **나**는 다문화 가정의 자녀들을 차별하는 문제를 지적하고 이들을 존중하고 배려하자는 주장을 전하는 글입니다.

자세하게

공익 광고: 기업이나 단체가 공공의 이익을 목적으로 하는 광고를 말합니다. 환경 보호, 교통안전, 공중도덕 등의 주제로 만들어집니다.

7 광고 **가**와 글 **나**의 주제를 바르게 실천하려면 다문화 가정에서 자라는 친구들을 존중하고 배려해야 합니다. 채은이가 말한 방법은 다문화 가정의 친구들을 존중하고 배려하는 방법이라고 볼 수 없습니다.

32쪽

❶생					❸다
❷존	중		❹빙		이
		❺유	행		어
❻입				❼칸	트
❽장	❾식	하	다		
	사				

56쪽

❶통	❷화			❸효	
	폐		❹면	역	력
		❺치	사	율	
		료		❼목	❽동
❻통	제	하	다		무

80쪽

	❶초	❷고	속		❺자
❸과		안			초
❹실	리		❻요	충	지
					종
❼검	부	러	기		
열				❽폐	위

104쪽

❶출	신		❷수	❸평	선
전				생	
			❹업		
		❺복	무		
	❻노			❼판	❽정
❾공	동	체			군

128쪽

❶사	냥			❻예	
고		❷낙		❼관	측
❸방	대	하	❹다		
식			양		❽경
		❺천	성		제
					적

152쪽

		❶자			❸자
❷고	국	산	천		급
					률
			❼변	❽형	
❹추		❺심		평	
❺세	계	화		❾성	분

33쪽	57쪽	81쪽	105쪽	129쪽
③	②	⑤	④	②

기적의 학습서
오늘도 한 뼘 자랐습니다.

기적의 공부방에서 함께 공부해요!

길벗스쿨 공식 카페 〈기적의 공부방〉
http://cafe.naver.com/gilbutschool

★지금 가입하면 누릴 수 있는 3가지!

1 꾸준한 학습이 가능해요!

- 스케줄 관리를 통해 책 한 권을 끝낼 수 있는 **학습단**에 참여해 보세요!
- 도서 관련 **학습 자료**와 **선배 엄마들의 노하우**를 확인할 수 있어요!
- 궁금한 것이 있다면 Q&A 서비스를 통해 카페지기와 선배 엄마들의 답변을 들을 수 있어요!

2 책 기획 과정에 참여해요!

- **독자기획단**을 통해 전문 편집자와 함께 아이템 선정부터 책의 목차, 책의 구성 등을 함께 만들어가요!
- 출간 전 도서를 체험해 보는 **베타테스트**를 통해 도서의 장/단점을 파악하여 더 나은 도서를 만드는 데 기여해요!

3 재미와 선물이 팡팡 터져요!

- 매일 새로운 주제로 엄마들과 **댓글 이야기**를 나누고 간식도 받아요!
- 매주 카페 **활동왕**을 선정하여 푸짐한 상품을 드려요!
- 사진 콘테스트 등 매번 색다른 **친목 이벤트**로 재미와 선물을 동시에 잡아요!

기적의 공부방은 엄마표 학습을 응원합니다!